Christoph Janacs

Über Zufälle, die keine sind

tandem : essay 1

Inhalt

Über zehn Dichter

Marginalien für einen Inselaufenthalt

Le doute, c'est écrire. Donc c'est l'écrivain, aussi.
Et avec l'écrivain tout le monde écrit.
Der Zweifel, das ist Schreiben. Also auch der Schriftsteller.
Und mit dem Schriftsteller schreibt die ganze Welt.
Marguerite Duras

Wer kennt sie nicht, die Frage: „Welche, sagen wir mal, zehn Bücher würdest du auf die Insel mitnehmen?" In Zeiten von E-Book und Streaming eine, scheint's, müßige Frage. Aber wer will und kann schon Hunderte, Tausende Bücher, die einem im Netz zur Verfügung stehen, auf einer einsamen Insel lesen (wo irgendwann einmal auch der Strom ausgehen wird, sofern es ihn dort überhaupt gibt)? Also genügen fürs erste zehn Bücher. Außerdem: Ein Buch in den Händen zu halten, das Rascheln beim Umblättern zu hören und den Geruch von Papier und Druckerschwärze zu riechen, die Texte mit Anmerkungen und Zeichen zu versehen und auf den letzten freien Seiten Entwürfe für eigene Texte zu notieren – das alles hat nicht nur eine sinnliche und sinnreiche Lektürequalität, sondern macht das Lesen erst zu einem kreativen Prozeß und das Buch zu einem Freund, den man immer wieder gerne trifft.
Die Auswahl fiel mir leicht und wieder auch nicht: Leicht, weil ich – wie alle *aficionados* der Literatur – meine LieblingsautorInnen habe, und schwer, weil ich natürlich viel mehr als zehn habe und der Verzicht auf den einen und

die andere Dichterin mir fast physischen Schmerz verursachte. Aber das Gedankenexperiment und die Salzburger Straßenzeitung *Apropos*, für die ich die Texte verfaßte, zwangen mich zu dieser Reduktion, ebenso zu dem der Platznot geschuldeten geringen Umfang der einzelnen Artikel, den ich für diese Ausgabe behutsam erweiterte. Dennoch stehe ich nach fast zehn Jahren weiterhin zu dem Experiment und der Auswahl, die mich zwangen, nein: verführten, die empfohlenen Werke (oder zumindest Teile davon) wieder zu lesen. Es war, um das Bild noch einmal aufzugreifen, ein Treffen mit alten Freunden.

1 Ray Bradbury: *Fahrenheit 451*

Amerika in nicht allzu ferner Zukunft: das Land wird von einer anonymen Macht regiert (die im gesamten Roman kein Gesicht bekommt, man erfährt nicht einmal etwas über die Struktur und den Parteiapparat), die das Lesen von Büchern verbietet, da diese zum Denken anregen und die Menschen unglücklich machen würden. (An einer Stelle heißt es: „Ein Buch im Haus nebenan ist wie ein scharfgeladenes Gewehr.") Stattdessen sitzen die Leute vor riesigen Fernsehwänden, lassen sich von dümmlichen Sendungen bis zur Bewußtlosigkeit berieseln oder hören pausenlos Kaufhausmusik über winzige Kopfhörer. Werden aber bei jemandem Bücher gefunden, so wird er verhaftet und die Druckwerke oder auch das gesamte Haus werden vernichtet. Sinnigerweise hat diese Aufgabe die Feuerwehr (im Original: fire brigade) übernommen, deren

Mitglied Guy Montag eines Tages die Bekanntschaft mit dem eigenwilligen, hochgebildeten Mädchen Clarisse macht. Diese Begegnung sowie der Selbstmordversuch seiner gelangweilten, tablettensüchtigen Frau Mildred und der dramatische Freitod der Besitzerin einer riesigen Privatbibliothek verunsichern ihn, er beginnt am Regime zu zweifeln, heimlich Bücher zu sammeln und zu lesen und gerät damit nicht nur in Gewissenskonflikt mit seiner Rolle als Büchervernichter, sondern auch in Auseinandersetzung mit seiner Frau (die ihn schließlich verrät) und seinem Vorgesetzten Beatty (der allerdings viel belesener ist als erlaubt, sich aber offenbar mit dem Regime und den Repressalien arrangiert hat und zum gebildeten Zyniker mutiert ist). Schließlich kann sich Montag seiner Verhaftung nur durch Beattys Tötung und Flucht zu den sogenannten „Büchermenschen" entziehen, einer Gruppe von Wissenschaftlern und Dichtern, die in den Wäldern außerhalb der Großstädte hausen und die letzten Reste der (Lese- und Bücher-)Kultur bewahren, indem jeder von ihnen ein Werk auswendig lernt und es ihm Gedächtnis bewahrt. Am Ende müssen sie und Guy Montag mitansehen, wie eine (ebenfalls anonym bleibende) fremde Macht die ferne Stadt bombardiert, und hoffen, daß sie mit ihrem Wissen eine neue, bessere Gesellschaft aufzubauen helfen werden können.
Diese düstere, von George Orwells *1984* beeinflußte Geschichte erzählt Ray Bradbury, der Zeit seines Lebens Bibliotheken finanziell großzügig unterstützte, in einer hochpoetischen, variantenreichen Sprache, die mich seit der ersten Lektüre mit sechzehn Jahren immer wieder von neuem überrascht und begeistert. Überraschend

auch Bradburys prophetische Gabe, Erfindungen (wie die Hörmuscheln, die interaktiven Fernsehwände oder den roboterartigen Spürhund) und die Entwicklung zur Konsum- und Massengesellschaft, in der kritiklos geglaubt wird, was Medien dem Publikum suggerieren, vorherzusehen – immerhin hat er den Roman 1953 veröffentlicht –, was das Buch aktueller denn je macht.
„It was a pleasure to burn." Mit diesem Satz beginnt der Roman, und ich kann sagen: Es ist eine Lust, ihn zu lesen, immer wieder zu lesen, auch auf Gefahr hin, süchtig zu werden.

2 Ilse Aichinger: *Die größere Hoffnung*

Nur drei Jahre nach dem Ende des Zweiten Weltkriegs und dem Untergang des Nazi-Regimes erschien von einer damals noch unbekannten jungen Autorin ein Roman, der, zunächst wenig beachtet, bald zum Klassiker der Nachkriegsliteratur avancierte und heute zum Kanon der Österreichische Gegenwartsliteratur zählt: *Die größere Hoffnung* ist die Geschichte des Mädchens Ellen, das, gebrandmarkt durch zwei „falsche Großeltern", den Traum von der Ausreise träumt. So beginnt der Roman mit dem vieldeutigen Satz: „Rund um das Kap der Guten Hoffnung wurde das Meer dunkel." Ellen studiert eine Landkarte, sucht dann, um ihrer Mutter nachreisen zu können, beim Konsul um ein Visum an, das sie aber nicht erhält. Stattdessen gibt ihr dieser die Losung auf den Weg: „Wer sich nicht selbst das Visum gibt, bleibt immer gefangen." Bis sie den tieferen Sinn dieses Satzes begreift, muss sie mehrere Stationen durchlaufen: So trifft sie sich mit den rassisch verfolgten Kindern auf dem Friedhof und am Flußufer, wo sie hoffen, Ertrinkenden das Leben retten zu können, spielt mit ihnen ein poetisches, anspielungsreiches Krippenspiel, erlebt nach dem Verschwinden ihrer Tante den Freitod ihrer verfolgten Großmutter mit, um am Ende beim Versuch, eine militärische Botschaft der gegnerischen Seite zu überbringen, von einer Granate zerrissen zu werden. Das Buch endet mit dem vielsagenden Satz: „Über den umkämpften Brücken stand der Morgenstern."

Dies alles erzählt Ilse Aichinger in einer hochpoetischen Sprache, fern jeder pseudorealistischen Attitüde. Nicht das konkrete Wien (in dem der Roman spielt) noch die menschenverachtende Ideologie des Naziregimes sind das Thema, sondern die Frage, wie man angesichts einer aus den Fugen geratenen Welt überleben kann. So wandelt sich konsequenterweise Ellens große Hoffnung auf ein Visum in die größere Hoffnung auf eine wahrhaftige, von allen Zwängen befreite, ganz auf sich selbst setzende Identität, was unausweichlich zum Tod führt. Das Außerordentliche des Romans ist nicht bloß, *was* er erzählt, sondern das *Wie*, nämlich seine mit traumartigen Bildern und Leitmotiven durchsetzte und gleichzeitig äußerst präzise Sprache, die sich auf jeder Buchseite zu aphorismusartiger Schärfe verdichtet. „Man behält nur das, was man hergibt." heißt es an einer Stelle, und an einer anderen: „Gebt euch nicht zufrieden!"

„Wenn rechts einer lacht und links einer weint, zu wem wirst du gehen?" wird Ellen gefragt, und sie erwidert:

„Der weint." Ein faszinierendes, unauslotbares, immer wieder neu zu entdeckendes Buch.
Später wurden Aichingers Texte dunkler, sperriger, wandelten sich – Samuel Beckett nahestehend – bis hin zur Verweigerung vermittelbarer Inhalte: „Niemand kann von mir verlangen, daß ich Zusammenhänge herstelle, solange sie vermeidbar sind." heißt es in *schlechte Wörter.* Da muß ich widersprechen: Aichingers Wörter waren immer gut.

3 Octavio Paz: *Das fünfarmige Delta*

Octavio Paz, 1990 mit dem Literaturnobelpreis geadelt, hat sich mit seinen gleichermaßen scharfsinnigen wie poetischen Essays zu Kultur und Politik und seinen alle Formen sprengenden Gedichten in die Weltliteratur eingeschrieben. Wie keinem anderen ist es ihm gelungen, divergierende Strömungen und scheinbar Unzusammenhängendes zusammenzudenken: vorkolumbianische Mythologie und Surrealismus, indische Mystik und Marxismus, Eros und Politik. So hat er mit *El laberinto de la soledad (Das Labyrinth der Einsamkeit)* Fremden wie Einheimischen einen Schlüssel zum Verständnis der disparaten mexikanischen Kultur und Gesellschaft in die Hand gegeben oder ist in *El mono gramático (Der sprachgelehrte Affe)*, einem poetischen, mit Photos versehenen Essay, der Frage nach der menschlichen Sprache und der Wahrnehmung dessen, was wir Wirklichkeit nennen, auf den Grund gegangen (um nur zwei der zahllosen Essays hervorzuheben).

In *Delta de cinco brazos (Das fünfarmige Delta)*, seinem letzten Buch, versammelt er, umrahmt von kurzen Gedichten, seine fünf großen, gedanklich weit ausholenden, formal schier grenzenlosen Langgedichte: *Piedra de sol (Sonnenstein), Blanco (Weiß), Nocturno de San Ildefonso (Nachtstück für San Ildefonso), Pasado en claro (Noch einmal durchwacht)* und *Carta de creencia (Charta des Glaubens)*. Es sind philosophische und zugleich äußerst sinnliche, die Möglichkeiten der Sprache auslotende poetische Gebilde, eigenwillig in ihrem überbordenden Bilderreichtum *(Piedra de sol)*, experimentell in der Form (so stellt er in Blanco Gedichte in verschiedenen Schriften und Farben einander gegenüber, bis sie zu einem Text verschmelzen) oder einfach traumartig mäandernd *(Nocturno)*. Mit diesen Gedichten hat er – nicht nur mir, der ich bei der Erstlektüre staunend feststellte, was Poesie alles zu leisten imstande ist, und der sich bei jeder neuerlichen Lektüre über Paz' Mut und Einfallsreichtum wundert – eine Tür zu anderen literarischen Dimensionen aufgestoßen, die nicht so leicht Ihresgleichen finden. Daß wir daran teilhaben können, verdanken wir den grandiosen Übersetzungen von Fritz Vogelgsang und Rudolf Wittkopf, die ich hier extra erwähnen möchte.
Zwischen den großen Langgedichten eingestreut sind poetische Miniaturen, von denen *Hermandad (Brüderlichkeit)* in ihrer Schönheit und Prägnanz als Summe seines lyrischen Werks, aber auch als Charakteristik und Lob der Poesie im Allgemeinen gelten kann:

HERMANDAD

Homenaje a Claudio Ptolemeo

Soy hombre: duro poco
y es enorme la noche.
Pero miro hacia arriba:
las estrellas esacriben.
Sin entender comprendo:
también soy escritura
y en este mismo instante
alguien me deletrea.

BRÜDERLICHKEIT

Hommage für Claudio Ptolemäus

Bin ein Mensch, nur kurz mein Leben,
und unermesslich ist die Nacht.
Doch ich blicke hinauf,
sehe die Sterne schreiben.
Ohne zu verstehen begreif ich:
auch ich bin Schrift,
und eben jetzt
entziffert mich jemand.

4 Franz Kafka: *Sämtliche Werke*

Kafka ist ein Monolith in der literarischen Landschaft, an ihm kommt man nicht vorbei, schon gar nicht wenn man selbst literarische Texte verfaßt, sein Werk ist einzigartig,

verstörend und entzieht sich jeder gültigen Deutung. Das heißt: Jeder muß sich seinen Kafka erlesen, erkämpfen und wird dabei die Erfahrung machen, daß sein Werk immer wieder neu, irritierend und nicht faßbar ist.
Da sind seine Romane *(Der Verschollene, Der Prozess, Das Schloß)*, allesamt Fragmente geblieben und gerade in ihrer Unabgeschlossenheit Sinnbilder für die Moderne in ihrer Fragilität und bewußten und noch viel öfter unbewußten Offenheit bei gleichzeitiger restriktiver Haltung von Staat und Gesellschaft gegenüber dem Individuum: Der einzelne steht auf verlorenem Posten in seiner Konfrontation mit einer anonymen Macht, die sich in einer undurchschaubaren, labyrinthischen Bürokratie zum Ausdruck bringt; der Ausgang des Kampfes ist vorhersehbar und braucht deshalb nicht mehr extra beschrieben werden. Da ist die *Verwandlung*, die als haarsträubende surrealistische Farce beginnt (die männliche Hauptfigur erwacht als Käfer, weiß nicht wieso und wundert sich nicht einmal über ihren Gestaltwandel), unversehens zu einer (psycho-)analytischen Studie einer bürgerlichen Familie wird und schließlich zu einer Parabel auf unsere Gesellschaft und ihren Umgang mit Andersartigen gerinnt. Da ist *In der Strafkolonie*, in der eine Tötungsmaschine als Sinnbild einer deformierten Justiz und eines totalitären Systems steht, weshalb der Text gern als Vorwegnahme des Nazi-Regimes gelesen wird (was, wie ich meine, eine Verkürzung ist: Kafka hat sich selten bis nie auf konkrete Orte, Zeiten und Ereignisse bezogen und seine Texte stets so gestaltet, dass sie überall und immer lesbar sind). Und da sind die vielen kleinen Texte (von denen etliche zu Klassikern wurden und Eingang in

Anthologien und Schulbüchern gefunden haben), die surreal erscheinende Szenerien heraufbeschwören, aber allesamt als Parabeln auf das menschliche Da-Sein gesehen werden können.
Das ist das Schwierige, Verfängliche, aber auch Moderne und gleichzeitig Zeitlose an Kafkas Texten (die sich aus gutem Grund besonders in Lateinamerika mit seinen autoritären Regimes und überbordenden Bürokratien größter Beliebtheit erfreuen): Sie sind offen für viele, oft divergierende Deutungen, können ebenso gut autobiographisch gelesen werden wie gesellschaftskritisch, philosophisch und auch religiös. Jede Lesart hat, wenn sie nicht den Ausschließlichkeitsanspruch erhebt, ihre Berechtigung. Kafkas Werke sind irisierend, irrlichternd, von allgemeiner Gültigkeit und dabei niemals unverbindlich. Mit ihnen wird man nicht fertig – eher schon sie mit uns –, weshalb ich dafür plädiere, sein Gesamtwerk mit auf die Insel zu nehmen: Das reicht für mehr als nur ein Inseljahr ...

5 Paul Celan: *Die Gedichte*

Celans Gedichte sind eine einzige Zumutung und eine Notwendigkeit.
Sie muten uns das Äußerste zu, zu dem Poesie sprachlich, formal wie inhaltlich imstande ist, sie sprechen vom Ende, der drohenden Aus-Löschung des Einzelnen, eines verfolgten Volkes wie der gesamten Menschheit, sprechen von der Angst, der Verzweiflung, aber auch vom Kampf um einen Glauben, der angesichts der Gräuel einer unheilen

und unheilbaren Welt absurd erscheinen mag; und sie tun dies in einer Sprache äußerster Verknappung, weshalb sie stets als hermetisch und dunkel bezeichnet wurden. Sie sind aber auch eine Zu-Mutung in dem Sinn, daß sie uns Mut machen: Im Schatten von Tod und Finsternis ist vielleicht nur noch die Sprache der Ort, an dem wir aufgehoben bleiben; das muß dann aber eine Sprache sein, die keine Grenzen kennt. In diesem Sinn ist Celans Dichtung eine Not-Wendigkeit: Sie straft das Diktum, nach Auschwitz könne und dürfe man keine Gedichte mehr schreiben, Lügen und beweist das genaue Gegenteil: wie sehr wir auf derartige Gedichte angewiesen sind. Und sie wendet die Not in eine Poesie, in der wir uns bergen dürfen.

Celan, 1920 in Czernowitz (Bukowina, damals Rumänien, heute Ukraine) als einziger Sohn einer jüdischen Familie geboren, nahm sich 1970 in Paris das Leben. Dazwischen lag eine Existenz im Schatten der Vernichtung der Juden durch die Nazis, die ihren berühmtesten Ausdruck in der *Todesfuge* fand („Der Tod ist ein Meister aus Deutschland"), einem Gedicht, das Celans Image – sehr zu seinem Leidwesen, da es den Zugang zu seinen anderen Werken seiner Meinung nach verstellte – nachhaltig prägte und Eingang fand in zahllosen Anthologien und Schulbüchern. Neben seinen Gedichtbänden *Der Sand in den Urnen, Mohn und Gedächtnis, Von Schwelle zu Schwelle, Sprachgitter, Die Niemandsrose, Atemwende, Fadensonnen, Lichtzwang* und *Schneepart* übersetzte er u.a. aus dem Französischen, Englischen und Russischen. Er war zeitweilig mit Ingeborg Bachmann liiert und vielen DichterInnen freundschaftlich verbunden, darunter Yvan Goll und Nelly Sachs.

Die 1000 Seiten umfassende Taschenbuchausgabe beinhaltet nicht nur alle zu Lebzeiten publizierte Gedichte, sondern auch die unveröffentlichten aus dem Nachlaß, versehen mit hilfreichen Kommentaren. Ein Buch, das man nicht einfach durchlesen kann, sondern wie ein täglich zu meditierendes Brevier handhaben soll.

Lesen Sie Gedichte! Lesen Sie *diese* Gedichte! Dann stoßen sie auf irritierende Sätze wie diesen:

> Damals, als es noch Galgen gab,
> da, nicht wahr, gab es
> ein Oben.

6 Marguerite Duras: *Die Romane*

Marguerite Duras war eine obsessive Schriftstellerin, mit Haut und Haar der Literatur und dem Film verfallen, ebenso der Liebe – und dem Alkohol. Sie lebte und schrieb ohne Rücksicht auf Verluste, brachte sich und die eigene Biographie wie keine andere Autorin in ihre Bücher ein, auch auf die Gefahr hin, von KritikerInnen verrissen und LeserInnen mißverstanden zu werden und Skandale auszulösen (was sie einerseits liebte und sie andererseits in tiefe Depressionen stürzte).
Im Zentrum ihres umfangreichen Œvres: die Liebe. Die Protagonisten – meist Frauen: einsame, nach Erfüllung suchende, oft von einem Geheimnis umgebene Menschen. Die Orte: Hotels, Landhäuser, Parks, das Meer. Ihre Sprache: manchmal ausufernd, bisweilen sogar geschwätzig, in

zunehmendem Maß poetischer, verknappter werdend, bis ihr letztes Werk *C'est tout (Das ist alles)* nur noch aus kurzen Notaten, aphorismusartigen Sätzen und poetischem Stammeln besteht, vom Sterbebett aus ihrem letzten Lebensmenschen Yann Andréa diktiert.

Ihr erfolgreichster Roman, für den sie 1984 den Prix Goncourt erhielt, der sie über einen kleinen, verschworenen Kreis von Literaturliebhabern hinaus schlagartig berühmt und zu einer Person des öffentlichen Interesses machte, *L'Amant* (*Der Liebhaber*, von Jean-Jacques Annaud 1992 verfilmt) mag als Summe ihrer Themen und ihres Schreibens gelten: Indochina, 1930er-Jahre. Eine 15jährige geht mit einem doppelt so alten chinesischen Millionär eine Beziehung ein, die er beenden muß, da sein Vater bereits eine Ehefrau für ihn ausgesucht hat und eine Liaison oder gar Ehe mit einer Europäerin inakzeptabel ist; überdies ist aus der Sicht des Mädchens alles nur ein Experiment gewesen, um den eigenen wie den fremden männlichen Körper kennenzulernen (und wohl auch die eigene Familie und das Internat, in dem es untergebracht ist, vor den Kopf zu stoßen). Erst viel später wird ihr als Erwachsene bewußt, daß sie den Mann doch geliebt hat. Dies alles wird in einer äußerst sensiblen Sprache erzählt, pendelnd zwischen Ich- und auktorialer Perspektive, was einen ständigen Wechsel zwischen Nähe und Distanz erzeugt. Dazu kommt, daß Duras nie ein Hehl daraus gemacht hat, daß die Geschichte autobiographisch ist. Wichtiger aber: Immer wieder kehrte Duras zu der Geschichte zurück, variierte sie, als ginge es darum, ein Trauma in vielen Anläufen zu verarbeiten.

Auf die Insel würde ich neben *L'Amant (Der Liebhaber)* auf alle Fälle *Moderato Cantabile*, das Drehbuch *Hiroshima, mon amour* (1959 von Alains Resnais verfilmt), *Le Ravissement de Lol V. Stein (Die Verzückung der Lol. V. Stein)* und *L'amour (Liebe)* mitnehmen. Und als absolutes Muß: *La douleur* (*Der Schmerz*, das erschütternde Protokoll des Wartens auf ihren in Buchenwald internierten und als gebrochener Mensch heimkehrenden Mann Robert Antelme, im Buch Robert L. genannt, von dem sie sich nach seiner Genesung trennt).

7 Günter Eich: *Sämtliche Gedichte*

„Seid unbequem, seid Sand, nicht Öl im Getriebe der Welt."
Wer kennt nicht diesen Vers aus Günter Eichs lyrischem Werk? Dabei entstammt er gar nicht einem Gedicht, sondern einer poetischen Passage seines wohl berühmtesten Hörspiels *Träume*. Überhaupt die Hörspiele: In den 1950er- und 60er-Jahren, auf dem Höhepunkt dieser literarischen Gattung, die bald Opfer des medialen Wandels vom Radio zum Fernsehen und später zum Intenet mit youtube und den privaten Sendeanstalten werden sollte, waren sie Eichs bevorzugtes Medium, um seine Kritik an der Gesellschaft, ihrer freiwilligen Verdummung, ihrer Bewußtlosigkeit und Gleichgültigkeit der Vergangenheit wie der Zukunft gegenüber zu artikulieren. Dies tat er zunächst noch auf traditionelle Weise, bevor er bald mit der Form zu experimentieren begann, bis die

Szenerien immer absurder und die Sprache zunehmend verknappter wurde.

Desgleichen die Gedichte: Die frühen sind noch ganz einer traditionellen Bildersprache und vertrauten Formen verhaftet, aber schon in *Abgelegene Gehöfte* (1948) finden sich Texte, die in literarisches Neuland vorstoßen und in einem lakonischen, bis dahin noch nie gehörten Tonfall die Schrecknisse des Krieges und seiner Folgen ins Wort nehmen – wie das zum Klassiker der sogenannten „Kahlschlagliteratur" avancierte *Inventur*: „Dies ist meine Mütze, / dies ist mein Mantel, / hier mein Rasierzeug / im Beutel aus Leinen. // Konservenbüchse: / Mein Teller, mein Becher, / ich hab in das Weißblech / den Namen geritzt ..." Mit Gedichten wie diesem prägte Eich das Bild von moderner, zeitgemäßer Lyrik, die ohne Pathos und die vertrauten Elemente wie Reim und Versmaß auskommt und stattdessen durch Lakonie und Ironie, manchmal auch durch Sarkasmus der Wirklichkeit zu Leibe rückt. Aber Stillstand gab es für ihn nicht: Er entwickelte sich weiter, ein melancholischer, in zunehmendem Maß immer pessimistischer werdender Tonfall prägt nun seine Gedichte, zudem merkt man ihnen in Form und Inhalt seine Beschäftigung mit Asiens Poesie und Philosophie an (Eich hatte Sinologie studiert!), bis die Texte Haiku- und Formelcharakter annehmen. Schwermut, gepaart mit einem bitteren Humor, prägt seine letzten beiden Gedichtbände *Anlässe und Steingärten* (1966) und *Nach Seumes Papieren* (1972), wofür stellvertretend Zuversicht stehen soll:

In Saloniki
weiß ich einen, der mich liest,
und in Bad Nauheim.
Das sind schon zwei.

Günter Eich war nie einer, der sich in den Mittelpunkt stellt, und seine Gedichte sind fragile, leise Gebilde. Eine dringende Leseempfehlung in unserer lauten, plärrenden Zeit.

8 Samuel Beckett: *Dramen*

Mit Beckett verhält es sich wie mit Kafka: Er ist ein Monolith in der literarischen Landschaft, an ihm reibt man sich, mit ihm wird man nie fertig.
Angefangen hat es bei mir (wie bei den meisten) mit *En attendat Godot / Waiting for Godot (Warten auf Godot)*: Die zwei Landstreicher mit ihrem mal tiefsinnigen, mal sinnlosen (oder sollte ich eher sagen: sinnfernen?) Geschwätz, ihren Selbstmordversuchen, ihrer Wut, ihrer Enttäuschung und ihrer Hoffnung, ihr Leben könne sich doch noch zum Guten wenden, käme nur endlich dieser ominöse Godot (in dessen Name sich unüberhörbar God/Gott verbirgt) – sind sie in ihrer jämmerlichen Erscheinung nicht Sinnbild von uns Menschen, vor allem des modernen, aller Illusionen beraubten Menschen? Oder diese ununterbrochen plappernde, hohle Albernheiten absondernde, im eigenen Müll langsam erstickende Winnie aus *Happy Days (Glückliche Tage)*: Gibt es eine treffendere

Figur, um unsere Gesellschaft zu charakterisieren? Oder die vier Personen im *Fin de partie / Endgame (Endspiel)*: allesamt Krüppel, allesamt voneinander abhängig, alleamt verdammt zum Warten auf das unausweichliche Ende.
Becketts Werke – egal ob Drama, Prosa oder Lyrik – sprechen vom Ende und vom Ende her. Alle seine Figuren sind unfähig oder unwillens, etwas an ihrer Situation zu ändern – vielleicht aber auch weil es diese Möglichkeit gar nicht (mehr) gibt. So verharren sie in ihrem unbefriedigenden Zustand (man könnte ihn auch als Stillstand bezeichnen), hoffen auf eine Veränderung oder gar (Er-) Lösung durch andere oder haben selbst diese bereits aufgegeben. Was ihnen bleibt, ist die Sprache ...
Die Sprache. Becketts Sprache. Anfangs noch erzählend, stellt sie sich alsbald selbst immer mehr in den Mittelpunkt, reflektiert sich selbst und reduziert sich zunehmend, verknappt sich, bis sie im Spätwerk nicht nur auf Erzähler-Ich und Handlung, sondern auch auf Grammatik verzichtet. Am Ende bleibt ein Stammeln, ein Aneinanderreihen von Infinitiven und Partizipgruppen, als kehrte der Dichter in eine Art Kindersprache zurück, eine reflektierte, manchmal sogar von beißender Ironie geprägte Ausdrucksweise. Es sind Sprachexerzitien, mündend in dem letzten Text des 83jährigen Dichters mit dem programmatischen Titel *What is the word*, der wie folgt endet:
folly for to need to seem to glimpse afaint afar away over there what
what –
what is the word –

what is the word

Soll man von Beckett, von dem so gar keine Hoffnung und kein Trost zu erwarten sind, überhaupt etwas auf die Insel mitnehmen? Unbedingt! Seine Sprache unterzieht unser Denken einem Läuterungsprozeß, und den haben wir bitter nötig.

9 René Char: *Rückkehr stromauf*

Mitglied der Surrealisten (und befreundet mit Breton und Éluard), von denen er sich aber bald wieder distanzierte, Kämpfer der Résistance unter dem Decknamen Alexandre und später Agitator gegen die Stationierung von Atomraketen in der Provence, Einzelgänger und gleichzeitig befreundet mit so unterschiedlichen Persönlichkeiten wie Camus und Heidegger, Dichter sogenannter „dunkler" Verse, die Maler wie Braque, Gris, Matisse oder Picasso illustrierten, der erste Dichter überhaupt, der zu Lebzeiten in die Bibliothèque de la Pléiade aufgenommen wurde und den so namhafte Schriftsteller wie Celan und Handke ins Deutsche übertrugen – das ist René Char, einer der eigenwilligsten Lyriker des 20. Jahrhunderts, dem Poesie und Politik gleich viel bedeuteten und dessen Gedichte dennoch nie agitatorisch waren. Im Gegenteil: Der politisch wache Blick ihres Urhebers verbirgt sich in Versen schönster Melodik und einem Bilderreichtum, der es den LeserInnen nicht unbedingt leicht macht, hinter die Worte zur Bedeutung vorzudringen. Deshalb galt und gilt Char als sperrig, deshalb sind fast alle deutschen Ausgaben vergriffen, während er in Frankreich nach wie vor einer der ganz Großen ist und von anderen Größen wie

z.B. Pierre Boulez vertont wurde.
Auf Char stieß ich über meine Beschäftigung mit Albert Camus, die eine innige Freundschaft verband und die einen wunderschönen Photo-Text-Band miteinander herausgaben *(La Postérité du Soleil)*, und in der Folge las ich alles von Char, was ich nur bekommen konnte, angefangen von *Feuillets d'Hypnos (Hypnos)*, seinen Aufzeichnungen aus der Zeit der Résistance, die er Camus widmete und die mich zu einem seiner mir bis dahin unbekannten Lieblingsmaler führten – Georges de La Tour –, und seinen frühen surrealistischen Gedichten wie *Ralentir Travaux (Vorsicht Baustelle)* oder *Le marteau sans maître (Der herrenlose Hammer)* über die großen Sammlungen *Le Poème pulvérisé (Das pulversisierte Gedicht)*, *La bibliothèque est en feu (Die Bibliothek steht in Flammen)*, *Les Matinaux (Wanderer in den Morgen)* und *Le Nu perdu (Rückkehr stromauf)* bis zum Spätwerk *Les voisinages de Van Gogh (Die Nachbarschaften von Van Gogh)* und *Éloge d'une Soupçonnée (Lob einer Verdächtigen)*.
Auf die Insel würde ich natürlich seine Gesammelten Werke mitnehmen, aber für den Einstieg genügen *Hypnos* (eine Art Brevier, in dem man immer wieder blättern kann), *Einen Blitz bewohnen* (eine zweisprachige, klug kommentierte Auswahl von Horst Wernicke und Lothar Klünner) oder *Le Nu perdu* (*Rückkehr stromauf*, eine gewichtige Sammlung, übersetzt von Peter Handke).
Quasi als Conclusio seiner Dichtung – aber auch der Dichtung aller Dichter – könnte einer seiner letzten Sätze gelten: „Sprechen wir von dem Verdacht, die Dichtung habe ihren Ort zwischen den Legierungen des Lebens, nahe am Schmerz."

10 Albert Camus: *Hochzeit des Lichts*

Es gibt Bücher und manchmal AutorInnen, die einen im richtigen Moment finden (ja, sie finden uns und nicht umgekehrt!) und prägen, die einem das Innerste nach außen kehren und einen nicht mehr loslassen. Albert Camus ist für mich ein solcher. Mit sechzehn, siebzehn Jahren entdeckte er mich, ich las *La peste (Die Pest)* und war beeindruckt und begeistert: Mit einer unaufgeregten, ja schlichten, fast journalistischen Sprache erzählt er das Unglaubliche, die Geschichte einer neuzeitlichen Pest und des Kampfes eines Arztes auf verlorenem Posten. Der Höhepunkt: Die mich noch heute berührende Szene vom Todeskampf eines Kindes und der nachfolgenden Auseinandersetzung zwischen dem Arzt Bernard Rieux und dem Jesuitenpater Paneloux, in der jener Satz fällt, der mich seinerzeit wie ein Axthieb traf: „Ich werde mich bis in den Tod hinein weigern, die Schöpfung zu lieben, in der Kinder gemartert werden." Was folgte, war *L'etranger (Der Fremde)*, der mich befremdete wie kaum ein anderes Buch: Ein Mann, der sich durch besondere Gleichgültigkeit gegenüber seinen Mitmenschen, vor allen Dingen gegenüber dem Tod seiner Mutter auszeichnet („Heute ist Mama gestorben. Vielleicht auch gestern, ich weiß es nicht." heißt es gleich zu Beginn) tötet am Strand einen Araber, weil es so heiß ist und ihn das Sonnenlicht, das sich auf der Messerklinge des anderen spiegelt, blendet. Selbst sein Todesurteil nimmt er gelassen hin, als ginge es ihn nichts an. Das sollte für die existentialistische Generation der 1950er und 1960er Jahre die Identifikationsfigur gewesen sein? Da überzeugte und überzeugt

mich heute noch eher Rieux, der Pestarzt, der Kämpfer. Oder Sisyphus, der seinen Stein einen Berg hinauf wälzen muß, weil ihn die Götter dazu verdammt haben, und dem Camus in seinem großen Essay etwas überraschend Positives abgewinnen kann: „Wir müssen uns Sisyphus als einen glücklichen Menschen vorstellen." Nun, mit Sätzen wie diesen läßt sich leben.
Was aber auf die Insel mitnehmen? Wenn schon nicht sein Gesamtwerk (das es auf Deutsch in einem Band gar nicht gibt), dann seine Romane? Seine Dramen? Seine Tagebücher? Oder doch lieber die bahnbrechenden Essays und politischen Aufsätze? Ich plädiere für das schmale Bändchen *Noces (Hochzeit des Lichts)*: Es versammelt vier frühe poetische Essays, eine Liebeserklärung an seine algerische Heimat mit ihren römischen Ruinen, ihren Düften und ihrem Licht, dem allgegenwärtigen Meer, voll unbändiger Liebe zum Leben und tiefer philosophischer Einsichten, in denen alles schon angelegt ist, was ihn später zum großen, viel zu früh verstorbenen Dichter und Denker machen sollte, das allein für einen Aufenthalt auf einer einsamen Insel reichen würde und in dem sich ein Satz findet, der mich mittlerweile fünf Jahrzehnte lang begleitet und beschäftigt und mit dem ich wohl nie zurande kommen werde: „Es gibt Orte, wo der Geist stirbt um einer Wahrheit willen, die ihn verneint."

Über den Rausch der Bilder

I think watching a movie that simply confirms my feelings is a waste of time.
That applies not only to movies, but also to books and every form of art.
Ich denke, einen Film anzusehen, der nur meine Gefühle verstärkt, ist verlorene Zeit.
Dies gilt nicht nur für Filme, sondern auch für Bücher und jede Art von Kunst.
Michael Haneke

Literatur entsteht aus Literatur, die aus Literatur entstanden ist, die aus Literatur entstanden ist, die aus Literatur entstanden ist. Was wäre die Gegenwartsliteratur ohne einen Homer, eine Sappho, einen Ovid, einen Shakespeare, einen Cervantes (um nur einige zu nennen)? Aber was wäre sie auch ohne den Einfluß der ZeitgenossInnen, mit denen man über Ländergrenzen und Kontinente hinweg in einen Dialog tritt und von deren Werken man befruchtet wird? Ich bin um jedes leere Blatt Papier am Ende eines Buches dankbar: Dort notiere ich die Einfälle und ersten Textfassungen von Gedichten und Prosastücken, die durch die Lektüre inspiriert wurden, und wenn der Platz nicht reicht, müssen die bedruckten Seiten herhalten. So wächst nicht nur meine Bibliothek wöchentlich an, sondern auch das Arsenal an Notizen und Entwürfen, das sich zwischen den Buchdeckeln verbirgt. Würde man mich ohne Bücher in ein Gefängnis stecken oder auf eine einsame Insel verfrachten, ich würde geistig und literarisch verkümmern.

Aber das ist nur die halbe Wahrheit. Was wäre die Literatur ohne den Einfluß von Musik und Bildender Kunst, was ohne Architekturlandschaft und Natur, ohne die Düfte und den Gestank der Welt und, natürlich, ohne die eigenen Erfahrungen? Literatur speist sich aus all dem und aus den Träumen ihrer Dichterinnen und Dichter, die ihrerseits gespeist werden aus den Erfahrungen, Gefühlen und Konflikten, mit denen man sich untertags herumgeschlagen hat. Kunst entsteht nicht im Vakuum, selbst wenn sie sich manchmal so gebärdet, und trägt immer die Handschrift ihrer Urheber und wie ein Wasserzeichen deren Persönlichkeit, auch wenn sie noch so bemüht sind, ihre Spuren in ihren Werken zu verwischen. Kunst lebt von der Inspiration, woher auch immer diese kommen mag.

Für mich spielen Musik und Bildende Kunst sowie Photographie eine herausragende Rolle. Viele meiner Gedichte, Erzählungen und Romane entstanden auf dem Klangteppich, den ein Bach, ein Schubert, ein Philipp Glass oder ein Arvo Pärt ausgebreitet haben, und zeigen in Aufbau und Struktur musikalische Bauprinzipien; nicht zu vergessen die Musik jener Länder (Mexiko, Böhmen, Provence), denen ich ganze Bücher gewidmet habe. Das Gleiche gilt für die Bildende Kunst, allen voran Picasso, der mit *Guernica* die Initialzündung gab für mein erstes Buch, Cézanne, Goya, Kubin, Caspar David Friedrich, Edward Hopper, Frida Kahlo, José Guadalupe Posada, Diego Rivera (um nur einige zu nennen) sowie für die Photographien einer Tina Modotti, eines Henri Cartier-Bresson oder, in letzter Zeit, Sebastião Salgado. Kein Tag, an dem ich nicht Musik höre oder in Bildbänden blättere und

dann, wie bei der Lektüre eines Buches, nach Papier und Bleistift greife, um ein nächstes Gedicht oder den Anfang einer Erzählung zu notieren.
Davon aber sei hier nicht die Rede, sondern vom Kino, besser gesagt: von jenen Spielfilmen, die mich persönlich wie literarisch geprägt haben. Also keine Bestenliste (die sowieso immer lückenhaft bleibt und sich nach Lebensphase oder Stimmung ändert), sondern eine Handvoll Filme, die ich zwischen dem achten und dem sechzehnten Lebensjahr sah (die meisten mehrere Male) und ohne die ich wohl ein anderer geworden wäre. Das Kino spielte für mich schon in meiner Vorschulzeit eine wesentliche Rolle: Mangels Fernsehens in vielen Haushalten (meine Eltern erstanden ihr erstes TV-Gerät erst, als ich zwölf Jahre alt war) und Internet (davon konnte man damals noch nicht einmal phantasieren) war das Kino – neben dem Radio – die Hauptquelle für Information und neben dem Theater die wesentlichste Form der Unterhaltung. Dies änderte sich erst mit dem Siegeszug des Fernsehens Anfang der 1970er Jahre. Meinen ersten Spielfilm (ich bin mir sicher, daß es der erste war) sah ich in einem OP-Kino, einem sogenannten „Ohne-Pause-Kino", das im Stundentakt eine Mischung aus Information und Unterhaltung bot und das man ohne Zeitbeschränkung jederzeit betreten und wieder verlassen konnte, so daß man unter Umständen mitten in einen Film platzte und wieder ging, wenn sich Szenen zu wiederholen begannen. Hier wurde ich mit Charlie Chaplin, Buster Keaton sowie Stan Laurel und Oliver Hardy vertraut, und hier sah ich meinen ersten abendfüllenden Spielfilm: *Snowfire*, einen Western für Kinder aus 1958, der als Fortsetzung in zwei Teilen

gezeigt wurde und den wir im Kindergarten begeistert nachspielten. Eine Sechsjährige durfte (oder eher mußte) das Pferd mimen, obwohl dieses im Film ein weißer Hengst war. Nicht die Geschichte, aber der Film an sich blieb mir im Gedächtnis haften – wohl weil er der erste war und mit ihm eine immer dichter werdende Reihe von Spielfilmen begann.

1 Winnetou I, 1964
Die Karl May-Welle, die in den 1960er Jahren Kinder und Jugendliche mit sich riß, findet nur in der Harry Potter-Begeisterung eine annähernd große Entsprechung – mit dem Unterschied, daß die Potter-Filme (2001-2011) technisch perfekt inszeniert und ungleich besser gespielt sind. Wer heute die deutschen Western im Fernsehen sieht, wo sie regelmäßig in den Nachmittags- und Feiertagsprgrammen auftauchen, kann sich nur wundern, was man in den 1960ern an Filmen akzeptierte: Da gibt es die völlig falsche Landschaft des jugoslawischen Karst, die mit den Prärien und Gebirgen des Südwesten der USA so überhaupt nichts gemein hat, da gibt es Fehler noch und noch (einmal stecken drei, dann wieder zwei Pfeile in einem Planwagen während einer Verfolgung durch Indianer, einmal trägt der Uhrenverkäufer Hasenpfeffer in ein und derselben Szene einen Hut mit Tarnzweigen und gleich darauf ohne, Kulissen werden schlampig gemalt und passen überhaupt nicht zu den Außenaufnahmen, die zum Teil aus anderen Filmen „ausgeborgt" wurden, oder Kara Ben Nemsi reitet in derselben

Szene ein schwarzes und dann ein braunes Pferd), da tauchen neben den Hauptdarstellern Pierre Brice und Lex Barker ständig dieselben Nebendarsteller in unterschiedlichsten Rollen auf, entfernen sich die Drehbücher immer mehr von den Originalromanen, bis nichts mehr übrig bleibt als die Personen – und selbst die werden ausgetauscht, wenn der benötigte Schauspieler gerade nicht zur Hand ist. Grund dafür war, daß zwei konkurrierende Produktionsfirmen – Rialto und CCC – um die Filmrechte und das Publikum buhlten und möglichst schnell und billig Filme herausbringen wollten; überdies war nicht selten das Drehbuch noch gar nicht fertig, wenn man am Set in Jugoslawien bereits zu drehen begann. Die Stimmung wurde zudem durch die führende Jugendzeitschrift *Bravo* angeheizt, indem sie fast monatlich Photos, Interviews und Plakate herausbrachte. Als ruchbar wurde, daß gemäß der Buchvorlage Winnetou im dritten Teil sterben sollte, brach unter der vorwiegend weiblichen Fangemeinde ein Sturm der Entrüstung aus, der sich bei der Premiere gegenüber Rik Battaglia entlud, der den Mörder Rollins mimte. Offenbar konnte man zwischen Realität und Fiktion nicht unterscheiden.

Das alles tangierte den Achtjährigen nicht, als er, begleitet von der Mutter und der filmbegeisterten Tante, *Winnetou I* und danach in rascher Folge alle weiteren May-Filme ansah. Die – allerdings falsche – Landschaft und die Musik (deren Komponist keine einzige Filmszene zuvor gesehen hatte und dennoch den richtigen Ton traf) zogen ihn dabei mindestens ebenso in ihren Bann wie die Handlung, die von Film zu Film immer hanebüchener wurde. Die Spannung und Vorfreude waren jedesmal unbeschreiblich,

wenn er im Sessel Platz genommen hatte und darauf wartete, daß die bombastische Kennmelodie der Verleihfirma erklang und dann mit der ersten Einstellung die Landschaft gezeigt und dazu die Musik von Martin Böttcher gespielt wurde. Für die nächsten eineinhalb Stunden war er dann weit weg – befreit von der Enge des Elternhauses und der dreckigen Industriestadt, in der er lebte.
Ich denke, das war auch das Geheimnis des Erfolgs dieser Filme: Sie entführten ihr jugendliches Publikum auf Traumreisen, boten ihm Identifikationsfiguren (wobei sogar die Bösewichte bisweilen charmante Züge trugen), vor allem aber öffneten sie ihm ein Fenster zur fremden Welt da draußen. In einer Zeit, in der erst wenige Haushalte ein TV-Gerät besaßen, waren Spiel- und Dokumentationsfilme (die zuhauf im Kino gezeigt wurden) die einzigen Medien, die den Horizont ein wenig erweiterten und die ein Hauch von großer weiter Welt umwehte.
Dies trifft unter den Autoren im besonderen Maß auf James Fenimore Cooper (*The last oft the Mohicans / Der letzte Mohikaner*), Friedrich Gerstäcker (*Die Flußpiraten des Mississippi*) und eben Karl May zu. Das Lesepublikum des 19. Jahrhunderts war begierig darauf, mehr von der Welt und fremden Landschaften und Kulturen zu erfahren, denn zu reisen konnten sich nur die wenigsten leisten, außer sie waren Händler, Archäologen – oder, dann allerdings unfreiwillig, Flüchtlinge und Auswanderer. Und dieses Bedürfnis stillten die Autoren mit ihren Abenteuerromanen, die durch eingestreute Fremdwörter, Fachbegriffe und genaue Schilderungen von Landschaften, Sitten und Gebräuchen den Eindruck vermittelten, durch die Lektüre auch noch gebildet zu werden.

Bei mir jedenfalls weckten die Romane (von den damals knapp siebzig Bücher umfassenden Gesammelten Werken las ich über dreißig, bis mein Interesse erlahmte und ich mich anderer Literatur zuwandte) ebenso wie die Filme eine Reiselust und ein Fernweh, die bis heute anhalten und einflossen in einige meiner Bücher.

2 Edipo Re (Edipo Re – Bett der Gewalt), 1967
Pier Paolo Pasolini war mir bereits ein Begriff, als ich vierzehnjährig die Ankündigung von seinem Ödipusfilm las. Ich hatte, religiös geprägt und mit der Idee spielend, Priester zu werden, dessen *Il Vangelo secondo Matteo (Das erste Evangelium – Matthäus*) gesehen und war von dem Film zutiefst beeindruckt gewesen: In einem strengen Schwarz-Weiß gehalten erzählte er vom Leben und Sterben Jesu und war so ganz anders als die geläufigen Sandalenfilme, Jesus erschien als Sozialrevolutionär, seine Predigten scharf und aufrührerisch, die Landschaft karg, die Dörfer und Städte ärmlich bis heruntergekommen, die Gesichter der Laiendarsteller ausdrucksstark bis häßlich mit tiefen Falten, als handle es sich um ausgetrocknete Flußtäler, dazu die Musikmischung von Mozarts *Maurerischen Trauermusik* über die *Missa Luba* und russische Volkslieder bis zu Bachs mehrfach zitierter *Matthäus-Passion* und dem hinreißend interpretierten Spiritual *Sometimes I feel like a motherless child*. Mutter war dagegen – wegen des frivol klingenden deutschen Untertitels *Bett der Gewalt*, der Sexuelles suggerierte und so unzutreffend und dämlich war wie viele damalige Filmtitel. Ich setzte

mich durch und ging ins Kino; schließlich hatte ich Gustav Schwabs *Die schönsten Sagen des klassischen Altertums* gelesen und im Fach Deutsch mehrere Referate über Odysseus und eben auch Ödipus gehalten. Der Film war für mich ein Muß.
Der erste Eindruck: große Faszination und Irritation in einem. Pasolini entführt in eine archaische, vorantike Welt, angesiedelt in einer kargen, eigentlich wüstenähnlichen Landschaft (in Marokko gedreht unter Verwendung dortiger Dörfer und Kasbahs), wieder sind die Gesichter ausgemergelt und so trocken wie die Wüste, die Kleidung ärmlich und bizarr (so tragen Polybos und Kreon goldene Kronen, die mehr umgestülpten Gefäßen ähneln, das Orakel ist unter einer afrikanischen Maske und wildem Gestrüpp unkenntlich und lacht ungemein höhnisch, als es die Prophezeiung verkündet, manche Figuren sind halbnackt, tragen ebenfalls seltsame weiße, aus Lehm gefertigte Masken und wirken wie Ureinwohner eines fernen, noch nicht entdeckten Landes), dazu eine Flöte, die kaum erkennbare Melodien spielt und mit ihrem schrillen Ton schmerzt. Die Hauptfigur ist alles andere als ein Sympathieträger und wirkt dominiert von Trieben und Emotionen: In einer Dorfruine begegnet Ödipus einem barbusigen Mädchen (was mich Pubertierenden sehr beschäftigte), bringt in einem Blutrausch und ohne erkennbaren Grund Laios und dessen Gefolge um, löst auch nicht das Rätsel der Sphinx, sondern tötet sie stattdessen, schläft – allerdings unwissentlich – mit der eigenen Mutter und blendet sich, nachdem er erfahren hat, wer er ist und was an Unrecht er begangen hat. In seinem rüstungsähnlichen Aufzug wirkt er wie ein verwirrter und

verirrter Don Quijote und erinnert in seinem motivlosen Mord an Meursault aus Albert Camus' *L'étranger* (*Der Fremde*), welcher, vom Glanz der Sonne auf dem Messer eines fremden Arabers geblendet, diesen mit dem Revolver tötet. Eingerahmt ist die antike Geschichte, die keinen Text aus Sophokles' Drama verwendet, von einer Episode, die in den 1920er Jahren spielt und eine zeitgenössische Variante des Ödipus-Stoffes abhandelt (was ich allerdings beim ersten Mal Anschauen nicht so recht begriff).
Ich hatte den Eindruck (und habe ihn noch heute, wenn ich den Film zum wiederholten Male anschaue), nicht nur in eine archaische, unverständliche und hochaggressive Welt einzutauchen, sondern auch einem Mythos auf die Spur zu kommen und mit ihm einer Wahrheit über uns Menschen, die alles andere als positiv und hoffnungsfroh stimmt und zweifeln läßt an unserer – angeblichen – Vormachtstellung und ethischen Rolle auf der Erde. Der Film stellte einen Kontrapunkt dar zu *Il Vangelo secondo Matteo* sowie zu meiner religiös-kirchlichen Prägung und wirkt heute auf mich wie ein Vorläufer der Romane eines Claude Simon und Cormac McCarthy, in denen ebenso Verlorene ziellos durch eine feindliche Landschaft irren und nichts als Gewalt und Tod kennen – mit dem Unterschied, daß die Bücher Simons (u.a. *La Route des Flandres,/ Die Straße in Flandern, La Bataille de Pharsale / Die Schlacht bei Pharsalos* oder *Les Géorgiques / Georgica*) in Europa angesiedelt sind und oft die Erfahrungen des Autors im Spanischen Bürgerkrieg und im Zweiten Weltkrieg als Hintergrund haben, während McCarthys Romane (u.a. *Blood Meridian / Die Abendröte im Westen, The Crossing / Grenzgänger* oder *No Country for Old Men / Kein Land für*

alte Männer) als verkappte Spätwestern und Thriller, aber ebenso archaisch und mythologiebeladen daherkommen. Mit Pasolinis *Edipo Re* hatte ich jedenfalls meine Kindheit definitiv verlassen und den Saum der Erwachsenenwelt mehr als nur berührt. Der Weg war aufbereitet für neue filmische wie literarische Erfahrungen.

3 Det sjunde inseglet (Das siebente Siegel), 1957

Lange bevor ich *Das siebente Siegel* zum ersten Mal ansah, war mir der Film vertraut, als hätte ich ihn schon mehrere Male gesehen. Das lag an meiner Tante, die gerne ins Kino ging und dann derart anschaulich die Inhalte und einzelne Szenen schilderte, daß ich als Kind glaubte, dabei gewesen zu sein oder gar mitgespielt zu haben. Das war so bei *How the West Was Won* (*Das war der Wilde Westen*) und *Cat Ballou* (*Cat Ballou – Hängen sollst du in Wyoming*), bei *Tystnaden* (*Das Schweigen*) und eben auch beim *Siebenten Siegel*. Ihr verdanke ich das Interesse und die Begeisterung für Filme und wohl auch den genauen Blick, der über die bloße Handlung hinausreicht.

Schon die erste Szene entrückt in eine ferne, sehr dunkle Welt und Zeit: Ein mittelalterlicher Kreuzritter (großartig: Max von Sydow) betet am Strand und wird dabei vom Tod überrascht (abgründig, bedrohlich in seinem schwarzen Mantel und der engen, das bleiche Gesicht fast bedeckenden Kaputze: Bengt Ekerot), der ihn mitnehmen will. Der Ritter kann ihn überreden, mit ihm Schach zu spielen; solange die Partie offen ist, darf er weiterziehen.

Was wir zusammen mit dem Ritter Block und seinem Knappen Jöns auf deren Reise zum Schloß des Ritters erleben, ist ein Panoptikum des Schreckens (Pest, Hexenverfolgung und Hinrichtung, Geißlerzüge, Leichenfledderei, Aberglaube, Lynchjustiz und falsche Priester), aber auch der Poesie und des Humors (in Gestalt des Gauklerpaares Jof und Mia mit seinem kleinen Kind). Block ist ein Zweifelnder, der mit seinem Glauben ringt und mit Gott hadert, Jöns der desillusionierte Zyniker, dem der Kreuzzug die Augen geöffnet hat. Die Gaukler hingegen sind naive, dem Positiven zugewandte Menschen, wobei Jof immer wieder von Wahnbildern und religiösen Phantasien heimgesucht wird; er ist auch der einzige, der immer wieder den Tod sieht, wie er mit dem Ritter Schach spielt.
Eine der zentralen Szenen ist die Begegnung des Ritters in einer Dorfkirche mit einem Priester, dem er beichten will und der sich am Ende als Tod herausstellt, der ihn überall belauert. In diesem Beichtgespräch sagt Block: „Ist es denn wirklich so vermessen, hinter Gottes Pforten blicken zu wollen? Warum versteckt er sich vor uns in einem Dunstkreis halb eingelöster Versprechen? Warum zeigt er sich nicht? Wie können wir an etwas glauben, wenn wir dem Leben nicht mehr trauen können? Was wird aus uns, wenn wir glauben wollen und nicht können? Und was wird aus dem, der weder glauben will noch kann? Warum kann ich Gott nicht töten in mir?" Der Priester (der Tod) zieht in Betracht, daß „da draußen" wirklich niemand ist. Darauf der Ritter: „Dann ist unser Streben auf dieser Welt sinnlos und grausam. Kein Mensch kann so leben, immer den Tod vor Augen und die Gewißheit, daß alles sinnlos ist."

Das traf den Jugendlichen im Innersten, denn er war religiös erzogen worden und hatte zu zweifeln begonnen. Hier nun sprach einer aus, was er sich schon längst gedacht, aber noch nicht zu äußern gewagt hatte. Dazu kamen das grobkörnige, phasenweise sehr dunkle Schwarz-Weiß des Films, das gleich zu Beginn intonierte *Dies irae* aus dem 13. Jahrhundert sowie die Unerbittlichkeit, mit der die Geschichte ihren Lauf nimmt, und die Gestalt des Todes, die an einer Stelle bekennt: „Ich bin unwissend." Der Eindruck jedenfalls war überwältigend und noch stärker als bei *Edipo Re*.

Wenig später stieß ich auf den Existentialismus (der dem Film zugrunde liegt, was ich damals aber noch nicht wußte), las Jean-Paul Sartre und Albert Camus, wobei Sartre mir zu negativ erschien, Camus hingegen mit seinem heroischen Arzt Rieux in *La peste* (*Die Pest*) und den poetischen Essays *Noces* (*Hochzeit des Lichts*) und *L'Été* (*Heimkehr nach Tipasa*) mir näherstand (und es noch immer tut). Während des Studiums brachte ein Innsbrucker Programmkino eine Retrospektive mit den wesentlichsten Filmen Ingmar Bergmans, die alle zu sehen ich den Ehrgeiz hatte. Nach mehr als einem Monat und mindestens drei Filmen pro Woche war ich geistig wie emotional erschöpft. Viele Filme habe ich mittlerweile vergessen, das *Siegel* hingegen blieb haften mit seinen starken Bildern und Szenen, vor allem seiner Schlußsequenz: Da stehen Mia und Jöns nach dem Unwetter am Meeresufer und nachdem der Tod den Ritter und alle, die bei ihm anwesend waren, mitgenommen hat, und blicken einen Abhang hinauf, wo Jöns wieder eine seiner Visionen hat: „Ich seh sie, Mia, ich seh sie wirklich, am Horizont über dem dunklen Gewitterhimmel. Ich seh sie alle dahinfahren ... Der gestrenge Herr Tod bittet zum Tanz. Sie halten sich an den Händen, sie tanzen hinter ihm her, wie er es will. Und er selber geht voran, der Herr mit Sense und Stundenglas ..." Worauf Mia erwidert: „Was du immer siehst."

4 Das Schloß, 1968 (Kinostart 1971)

Da stapft einer durch eine tiefverschneite Landschaft, schleppt sich mühsam dahin und ist am Rand seiner Kräfte. In der Dämmerung nur undeutlich wahrzunehmen die Anlage eines Schlosses. Dann Gebäude eines Dorfes, vereinzelt Laternen. Der – gepäcklose! – Wanderer steuert ein Gebäude an, in dem Fenster hell erleuchtet sind. Es ist ein Gasthof. Schnitt. Die Gaststube. An einem Tisch sechs bäuerliche Gestalten, alles Männer in Winterkleidung und mit Hüten und Kappen. Auf dem Tisch Biergläser. Die Einrichtung ist karg (ein paar Holztische mit Bänken, eine einzelne Glühbirne hängt in der Mitte des Raumes von der Decke), von den Wänden löst sich bereits der Verputz. Die Männer blicken herüber, schauen abweisend den Fremdling an, der da hereinplatzt in die ländliche Gemeinschaft. „Kann ich hier übernachten?" fragt er. Der Wirt schweigt lange, dann die Auskunft, kurz und bündig: „Ich hab kein Zimmer frei." Was in der Folge geschehen wird, es zeichnet sich bereits in den ersten paar Filmminuten ab.

Mit sechzehn hatte ich bereits einiges von Franz Kafka gelesen, natürlich *Die Verwandlung*, darüber hinaus die kurze, parabelartige Prosa, und einige Texte ganz in seinem Geist und Stil (wie mir vorkam) geschrieben. *Das Schloß* hatte ich zwar zu lesen begonnen, die Lektüre aber nach etwa 100 Seiten abgebrochen. Und nun der Film.

Wie der Landvermesser K. (ungemein authentisch, als wäre es K. persönlich: Maximilian Schell) in zahllosen Anläufen versucht, ins Schloß zu gelangen, und ihn die Bürokratie wie auch die Dorfbewohner daran hindern; die an Absurdität kaum zu überbietenden Szenen (allen voran jene des im Aktenwust untergehenden Archivs des Gemeindevorstehers und seiner durch einen Schlaganfall bewegungsbehinderten Frau); das skurrile Zwillingspaar Artur und Jeremias, dem nur dumme Bubenstreiche einfallen; die kurze Liaison mit dem Schankmädchen Frieda (geheimnisvoll und erotisch: Cordula Trantow); die zunehmende Erschöpfung K.s, der von Gebäude zu Gebäude schwankt, ohne auch nur irgendetwas zu erreichen; der Herrenhof mit seinen labyrinthischen Gängen, Zimmerfluchten und den Beamten (überragend: Helmut Qualtinger als Untersekretär Bürgel, der in seinem nicht enden wollenden Monolog aus seinem Bett heraus den bezeichnenden Satz fallen läßt: „Es gibt Dinge, die an nichts anderem scheitern als an sich selbst."); die elegische, bisweilen „klirrende" Filmmusik des Herbert Trantow; die kalte Winterlandschaft mit dem Schloß, das über allem thront wie eine transzendente und gleichzeitig physisch wahrnehmbare, nein: spürbare Macht, an der alles nur zerschellen kann; das Ende K.s, vorhersehbar und dennoch, als es eintritt, erschütternd – das alles war für mich überwältigend und überzeugte mich vom Rang Franz Kafkas; danach las ich alles von ihm.

Die professionellen Filmkritiker bemängelten seinerzeit den „theaterhaften Inszenierungsstil" (davon ist von meiner Warte aus nichts zu erkennen) und daß der Film der Romanvorlage nicht gerecht würde. Nun, wie will man einem mehrere hundert Seiten umfassenden Roman mit seinen verschlungenen Handlungssträngen und dem fehlenden Ende gerecht werden? Und wie seiner Sprache? Michael Haneke versuchte 1997 die Probleme durch eine Erzählerstimme zu lösen und das Tempo entsprechend der Romanlektüre ungemein langsam anzugehen, was mit der Zeit sehr mühsam anzusehen ist und zu Verdoppelungen führt (der Erzähler spricht das aus, was die Kamera zeigt). Trotz des großartigen Ulrich Mühe als K. und obwohl ich Hanekes Arbeiten über alles schätze, gebe ich Rudolf Noeltes Version den Vorzug. (Noelte hatte übrigens 1948 am Berliner Hebbel-Theater Wolfgang Borcherts *Draußen vor der Tür* inszeniert und 1957 bei dessen Verfilmung durch den NDR Regie geführt, war also vertraut mit Literaturbearbeitungen.)
Das Schloß war für mich jedenfalls der Einstieg in die Kafka-Welt (nicht die kafkaeske Welt: die gibt es täglich realiter zu erleben!), aus der ich nicht mehr geraten bin. Wann immer ich eines seiner Werke lese, ich entdecke stets Neues in ihm und werde immer wieder überrascht von der Unerbittlichkeit, mit der Kafka die menschliche Existenz seziert. Mit Kafka wird man nicht fertig; eher er mit uns.

5 2001 – A Space Odyssey (2001 – Odyssee im Weltraum), 1968

Drei Minuten lang eine schwarze Leinwand, dazu György Ligetis *Atmosphères*. Dann sieht man Mond, Erde und Sonne in Konjunktion; während die Sonne aufgeht, erklingt die bombastische Einleitung von Richard Strauss' *Also sprach Zarathustra*. Der erste Zwischentitel wird eingeblendet: *The Dawn of Man*. Man sieht eine afrikanische Savanne mit einer Gruppe von Vormenschen.
Der Beginn allein – zu einem Science-Fiction-Film wohlgemerkt! – würde reichen, um ihn in die Filmgeschichte einzuschreiben. Dabei wartet Stanley Kubricks Filmadaption einer Erzählung von Arthur Clark (*The Sentinel / Der Wächter*), die dieser zu einem Drehbuch und danach zu einem Roman umarbeitete, mit zahllosen weiteren Rekorden und Innovationen auf: In den ersten 25 und den letzten 22 Minuten wird kein einziges Wort gesprochen, 70 Prozent des Films beinhalten keinen Text; der Einsatz von klassischer moderner Musik (neben den genannten Komponisten auch Aram Khachaturian und Johann Strauß) ist in dieser Dichte und dem Raum, der ihr zugesprochen wird, einzigartig; die technischen und filmischen Tricks und zum Einsatz gekommenen Spezialeffekte waren ihrer Zeit weit voraus, kamen noch ohne Computeranimation und CGI aus und galten jahrzehntelang als Maßstäbe nicht allein für Science-Fiction-Filme.
Das alles würde genügen, *2001* als einzigartiges Filmkunstwerk einzuschätzen und dennoch seinem Wert und seiner Bedeutung nicht gerecht zu werden. Es ist die – nicht auszulotende – Geschichte und ihre Thematik (oder

besser: ihre Themen), die den Film zu etwas Besonderem macht:
In der Vorzeit der Menschen taucht unversehens ein schwarzer Monolith auf, unter dessen Einfluß (wie, wird nicht näher erläutert) sich die Gehirne der dort lebenden Primaten schneller und besser entwickeln, so daß sie über die anderen Stämme die Oberhand gewinnen (interessanterweise durch Knochen, die sie als Waffe benützen!). Millionen Jahre später wird auf dem Mond ein Monolith, der dem der Urzeitsequenz gleicht, ausgegraben und erzeugt ein elektromagnetisches Signal, das Richtung Jupiter weist. 18 Monate danach bricht ein riesiges Raumschiff auf, um dem Geheimnis auf die Spur zu kommen. Was der Astronaut Bowman dort bei einer neuerlichen Begegnung mit einem Monolithen erlebt, sprengt sämtliche Vorstellungen und gab und gibt Anlaß zu Spekulationen zuhauf.
Das ist die eine Handlungsebene. Die zweite ist eine technologiekritische, denn mit dem Bordcomputer HAL 9000 ergibt sich ein tödliches Problem, da er nach einem Fehler, den er nicht zugeben kann und will (seine Computergeneration ist perfekt und begeht keine Fehler), die gesamte Mannschaft zu eliminieren versucht. Der einzige Überlebende ist besagter Bowman, der sich nach einem viele Minuten dauernden Bilderrausch unvermittelt in einem futuristischen Zimmer wiederfindet und sein eigenes Leben, Vergehen und seine Wiedergeburt miterlebt.
Als ich etwa fünfzehnjährig den Film zum ersten Mal gesehen hatte und danach den Kinosaal verließ, löste ich sofort eine weitere Eintrittskarte, um *2001* noch einmal anzuschauen, derart beeindruckt war ich – und ratlos.

Beeindruckt vom Bilderrausch nicht nur der Schlußsequenz: Kubrick nämlich ist ein Ästhet und schwelgt in überwältigenden Aufnahmen, beginnend in der afrikanischen Savanne über die bis dahin noch nie gesehenen Aufnahmen von Raumschiffen, dem Mond, dem Weltall bis hin zu den Lichtspielen, die einem Drogenrausch zu entstammen scheinen. Dazu stellt er die Geduld der ZuseherInnen auf eine harte Probe, wenn er unendlich langsam der Außenreparatur einer Antenne folgt und dabei nur das Atmen des Astronauten über den Helmlautsprecher hören läßt. Und ratlos, weil er nicht nur keine Lösung der aufgeworfenen Fragen anbietet, sondern diese sogar noch erweitert und verwirrt: Was oder wer ist der Monolith? Eine von einer extraterrestrischen Intelligenz hergestellte Maschine? Eine Metapher für Gott oder Götter? Sind wir Menschen dann ein Versuchsobjekt? Ridley Scott hat 2012 mit *Prometheus* eine ähnliche Frage aufgeworfen und sie selbstredend nicht beantwortet: Jede Antwort würde die Frage und alles Vorangegangene banalisieren. Allerdings legte er die Spur hin zur Idee, daß uns Außerplanetarische erschaffen hätten, aber wieder vernichten wollten und an den gebauten Killern, die sie auf die Erde zu schicken beabsichtigten, selbst zugrunde gingen. Das Alte Testament läßt grüßen.
2001 – Odyssee im Weltraum fand mich zum richtigen Zeitpunkt: Ich war theologisch und philosophisch interessiert, aber religiös verunsichert; ich liebte gut gemachte Science-Fiction-Filme und noch mehr -Bücher (Stanisław Lems *Solaris* hatte ich ein Jahr zuvor gelesen und war davon nicht minder begeistert und verwirrt); ich las Zeitschriften und Bücher über den Weltraum wie über

Darwins Evolutionstheorie – mit einem Wort: Ich war dankbar für jede geistige Anregung und Verwirrung.

Der Film ist – neben der Musik – mit Sicherheit jene Kunstgattung, die am unmittelbarsten das Publikum erreicht, zumal es sich um eine synästhetische Form handelt: Neben der Handlung, die einen fesselt, traurig, fröhlich, aggressiv, nachdenklich usw. stimmen kann, spielt, zumindest in den meisten Fällen, die Musik eine große Rolle, ganz zu schweigen vom Bild, das die Basis jedes Films bildet. Eine Binsenweisheit, die man sich nicht oft genug bewußt machen kann, um zu begreifen, worin die Wirkung eines speziellen Films beruht. Bei allen fünf besprochenen Filmen spielen sämtliche Komponenten zusammen; fehlte eine, wäre die Wirkung eine völlig andere. Da ich jeden der fünf Filme mehrere Male gesehen habe und immer wieder anschaue, sind deren Wirkung und Einfluß auf mein Schreiben naturgemäß groß. Dennoch wurde mir die Bedeutung eines speziellen Films meist erst im Nachhinein bewußt, so zum Beispiel bei meiner Erzählung *Winterreise*, in die Bilder, Szenen und Stimmung aus *Das Schloß* einflossen, oder bei meinen religionskritischen Gedichten und Aphorismen aus *Kains Mal*, die unverkennbar den Stempel von *Das siebente Siegel* tragen. Am deutlichsten ist die Wirkung der beiden Karl May-Filme *Der Schatz der Azteken* und *Die Pyramide des Sonnengottes* zu erkennen, die – so schlecht sie auch gemacht waren – zusammen mit den zugrundeliegenden Romanen und der Radiosendung *Musik aus Lateinamerika* mein Liebe zu Mexiko grundierten, lange bevor ich das Land zum ersten Mal betrat.

Rückblickend kann ich nur feststellen: Jeder dieser fünf Filme hat mich auf seine ganz eigene Art geprägt; ohne sie wäre ich ein anderer Mensch geworden – und hätte wohl auch anders und anderes geschrieben.

Über Zufälle, die keine sind

Et tout d'un coup le souvenir m'est apparu.
Und dann, ganz plötzlich, ist mir die Erinnerung erschienen.
Marcel Proust

Ich gestehe: Ich glaube an Zufälle. Daß am 1. Juni 1938 der gerade einmal 36-jährige Ödön von Horváth sich vor dem aufkommenden Sturm, der in Paris mehrere Unglücksfälle verursachen sollte, nahe den Champs-Élysées (gegenüber dem Théâtre Marigny) just unter jenen Baum flüchtete, der ihn kurz darauf erschlagen würde, während sich sieben weitere Personen noch rechtzeitig in Sicherheit bringen konnten, war weder vorhersehbar noch zu verhindern – es sei denn, Horváth hätte das Angebot des Regisseurs Robert Siodmak, ihn nach ihrer Besprechung über die geplante Verfilmung von *Jugend ohne Gott* mit dem Auto ins Hotel zu bringen, angenommen. Der Dichter aber hatte abgelehnt; Automobile ängstigten ihn, ebenso Fahrstühle und ganz besonders Straßen. So gesehen war er an seinem Tod nicht ganz unschuldig. Daß ihn aber der vermeintlich sichere Baum erschlug, war weder einem wofür auch immer rachsüchtigen Gott noch düsteren nordischen Nornen noch einem namenlosen, alles bestimmenden blinden Schicksal zu verdanken, sondern einzig und allein dem Zufall. Nur Anhänger von Verschwörungstheorien oder kryptischen Ersatzreligionen würden sich zu der These versteigen, Horváths Leben sei eben abgelaufen gewesen, weshalb ihn jedweder Baum erschlagen und seine vielversprechende literarische

Karriere unter sich begraben oder stattdessen ein Autounfall zunichte gemacht haben würde.
Ich gestehe aber auch: Ich glaube nicht an Zufälle. Abgesehen von Fällen wie dem eben skizzierten (die es überdies gar nicht so selten gibt: wieviele tragische Ereignisse hätten vermieden werden können, hätte auch nur einer der Beteiligten sein Haus eine Minute früher oder später verlassen oder sich rechtzeitig für einen anderen Weg entschieden; wie oft kommen uns Gedanken wie diese in den Sinn: „Hätte ich dieses oder jenes getan oder unterlassen, wäre dieses oder jenes geschehen oder nicht geschehen!" – und damit meinen wir nicht nur tragische, sondern durchaus auch positive, beglückende Ereignisse und Begegnungen.) ... Abgesehen also von derartigen Fällen bin ich der Meinung, daß wir es sind, die das, was wir als Zufall zu erkennen glauben, steuern – nur eben unbewußt, genauer: unter Umgehung des Bewußtseins, sodaß es geschehen kann, daß wir beispielsweise beim ziellosen Durchstreifen einer Buchhandlung *zufällig* auf ein Buch stoßen und es mitnehmen (weil sein Titel etwas in uns zum Klingen gebracht oder uns die Umschlaggestaltung mit ihrem Bildmotiv und Schriftzug angesprochen hat), das in der Folge unser weiteres Leben wenn nicht umkrempeln und neu ausrichten, so zumindest prägen oder ihm eine gewisse Richtungsänderung verleihen würde.
Von drei Ereignissen dieser Art, die mir zufielen und mein Leben und Schreiben prägten (wobei mir dies erst viel später und niemals in der jeweiligen Situation selbst bewußt wurde), sei auf den folgenden Seiten die Rede.

1

Es ist das Jahr 1972, wahrscheinlich Frühsommer. Am 1. Jänner tritt der Österreicher Kurt Waldheim das Amt des Generalsekretärs der Vereinten Nationen an. Der 30. Jänner wird als *Bloody Sunday* in die Geschichte (und in viele Liedtexte u.a. von John Lennon, Paul McCartney und U2), eingehen, nachdem in der nordirischen Stadt Derry bei einer Demonstration dreizehn Iren von Soldaten erschossen und dreizehn weitere verletzt worden sind; da die Opfer unbewaffnet waren, eskaliert in der Folge der Nordirlandkonflikt. Die Wings geben in Nottingham am 9. Februar ihr erstes Konzert und am 25. März gewinnt Vicky Leandros in Edinburgh den Eurovision Song Contest mit dem Lied *Après toi*. Am 29. April findet in Münster die erste sogenannte Schwulendemo statt. Am 22. Mai gibt sich Ceylon eine neue Verfassung und heißt fortan Sri Lanka (der Tee indes wird weiter unter „Ceylon" firmieren). Am 27. Mai wird die erste Folge von *Star Trek* (*Raumschiff Enterprise*) im Deutschen Fernsehen ausgestrahlt. Im Juni werden Andreas Baader, Ulrike Meinhof, Gerhard Müller und weitere Mitglieder der Roten Armee Fraktion verhaftet. Der Einbruch in das Watergate-Gebäude in Washington D.C. am 17. Juni wird in der Folge die Watergate-Affäre auslösen und 1974 zum Rücktritt des amerikanischen Präsidenten Richard Nixon führen. Und im Dezember – aber das ahnt damals noch niemand – wird Heinrich Böll der Nobelpreis für Literatur verliehen werden.

Währenddessen treffen sich zwei Sechzehnjährige, die seit der ersten Volksschulklasse Freunde sind und zwei Hobbies miteinander teilen – die Musik und die Literatur (wobei letztere beiden später zum Beruf werden wird) –, in unregelmäßigen Abständen in der Wohnung eines der beiden, weil dieser über eine Stereoanlage verfügt, horchen Platten, diskutieren Lieder und stellen einander eigene Texte vor. Unter den bevorzugten Musikern finden sich u.a. Cat Stevens und George Harrison (zwei Popstars, die damals gerade am Höhepunkt ihrer Karriere stehen und die Musikszene prägen), die vor allem einer der beiden schätzt, beherrscht er doch schon seit geraumer Zeit die Gitarre und ist imstande, den einen oder anderen Song ziemlich originalgetreu nachzuspielen. Die Ernsthaftigkeit, mit der sie sich der Musik und den Texten widmen, ist für die Zeit typisch und schließt auch die Plattencover mit ein. Auf *All Things Must Pass* sitzt George Harrison auf einem Hocker, bekleidet mit Hose, Anorak, hohen Stiefeln und einem Schlapphut inmitten einer parkähnlichen Wiese, die von Bäumen und Büschen begrenzt wird; links und rechts von ihm lungern Zwerge mit Zipfelmützen herum; das Bild ist schwarz-weiß gehalten und wird erst später, in CD-Zeiten, eigentümlich eingefärbt, wodurch es dann den Eindruck einer alten kolorierten Photographie vermittelt und noch morbider wirkt als das Original. Nur vordergründig anders zeigt sich das Cover von Cat Stevens' *Teaser and the Firecat*: In fröhlichen Farben gemalt hockt da ein Junge mit blauem Zylinder, grüner Hose und braunen Schnürstiefeln am Straßenrand; er lächelt verschmitzt, aber hinter ihm befindet sich ein beschädigter Lattenzaun, durch den man auf das dahinterliegende Grundstück blicken kann, beim Kanalgitter rechts liegen eine Aludose und ein zerknüllter Papier- oder Zeitungsfetzen, der Junge hält in der Rechten das Kopf- und

Grätengerüst eines abgenagten Fisches einer leuchtend-roten Katze hin. Firecat? Ein Titus Feuerfuchs? All das muß erörtert und in Beziehung zu den Liedtexten gesetzt werden.
Dieses Mal ist es etwas anders. Nicht ein Longplayer, sondern eine neue Single wurde erstanden, und das Cover läßt in seiner Eindeutigkeit und krassen Motivik keinen Interpretationsspielraum zu. In einer Eiswüste, die bis zum Horizont reicht, hat sich ein blutiges Massaker abgespielt oder besser: ist noch im Gange: Im Vordergrund liegen die blutverschmierten Reste eines ausgeweideten Tieres, Fellfetzen und Innereien, dahinter ein totes Jungtier an einer Art Angel, an seiner Seite das Muttertier, den Kopf in den Nacken gelegt und das Maul aufgerissen. Man hört buchstäblich seine Schreie. Rechts im Laufschritt die Gestalt eines Mannes in Anorak, wattierter Hose und Stiefeln; auf dem Kopf trägt er eine Mütze mit rot-weißen Karos, die Augen hinter einer großen schwarzen Sonnenbrille verborgen. Seine Hände sind blutverschmiert, in der Rechten hält er ein Messer. Der Mann lächelt. Darüber prangen in poppigen Lettern der Titel des Liedes – *Celia of the Seals* – und der Name des Künstlers: Donovan. Wer diese Celia ist, erschließt sich den beiden Jugendlichen nicht und erfahren sie erst Jahre später: es handelt sich um das ehemalige Topmodel Celia Hammond, das sich zu einer Tierschützerin gewandelt hatte und gegen das grausame Robbenschlachten auftrat. Der Sänger hingegen ist ihnen bekannt: Den einen ein schottischer Bob Dylan-Verschnitt, den anderen ein Star der Folkszene, hat Donovan Leitch innerhalb von nur vier Jahren mit *Catch the Wind, Colours, Universal Soldier,*

Mellow Yellow, Jennifer Juniper und vor allem *Atlantis* einige Superhits gelandet. Zum Zeitpunkt von *Celia oft the Seals* ist sein Stern allerdings schon wieder im Sinken.
Das Lied mit seinem vertrackten Rhythmus, der sparsamen Instrumentierung (Gitarre, Concert Bass Fiddle), den Möwenschreien im Hintergrund und dem geheimnisvollen „Voyna voyna voyna, voyna voyna vay" am Ende des Refrains geht zu Herzen – und das soll es ja auch, handelt es sich doch um einen klassischen Protestsong, der die Hörer und Hörerinnen ansprechen, mehr noch: zum Umdenken und einer Änderung ihres Handelns führen will. Der Gitarrist der beiden Freunde wird das Lied bald in sein Repertoire aufnehmen.
Dann die B-Seite. B-Seiten von Singles waren üblicherweise Lieder zweiter Wahl und entpuppten sich nicht selten als Geheimtipps oder sogar als die größeren Hits, zumindest als qualitätvolle Beiträge in einer immer flacher werdenden Musikindustrie. So auch hier. Nur mit einer metallisch klingenden, halligen Stahlsaitengitarre begleitet, singt Donovan von einem lyrischen Ich, das eine silbrig glänzende Forelle fängt, die sich in seinem Haus in ein „glimmering girl" verwandelt, das den Namen des Mannes ruft und sich verflüchtigt „through the brightening air". In der dritten Strophe wird deutlich, dass das Ich ein alter Mann ist, der das alles rückblickend erzählt und sein ganzes Leben verbracht hat mit der Suche nach diesem Mädchen: „Though I am old with wandering / Through hollow lands and hilly lands / I will find out where she has gone /And kiss her lips and take her hands ..." Eine romantische Geschichte, gefährlich nah am Kitsch, wäre sie nicht so gut formuliert und so sparsam instrumentiert.

Der Gitarrist der beiden Freunde folgt im Geiste schon den Akkorden und dem Fingerpicking und wird das Lied in den folgenden Jahren viele Male spielen. Doch dann folgen die letzten Verszeilen und der Junge springt elektrisiert auf. Hat er richtig gehört? Er bittet den Freund, die letzten Takte noch einmal vorzuspielen. Das ist bei Vinylplatten nicht so einfach: Der Tonarm muß vorsichtig aufgesetzt werden, um nicht die Rillen zu verletzen. Er hat richtig gehört: Das Lied klingt mit den Verszeilen aus: „And pluck till time and times are done / The silver apples oft the moon / The golden apples oft the sun."
Der letzte Vers bringt etwas in dem Jugendlichen zum Schwingen, erinnert ihn an einen Buchtitel, aber noch ist er sich nicht ganz sicher. Die beiden nehmen das Plattencover, prüfen es, finden: Unter „Celia oft he Seals" steht in kleinerer Schrift „Song oft the Wandering Aengus", darunter noch kleiner und kursiv: „From ‚The Collected Poems of W. B. Yeats'" Jetzt ist dem Jungen alles klar, und er kann es nicht fassen.

Rückblende.
Ich war kein guter Schüler. Nicht nur in Mathematik, dem Angstfach schlechthin, auch in Englisch, das ich eigentlich schätzte, sodaß mir die Professorin riet, Originaltexte zu lesen, vielleicht würden sich dadurch meine Sprachkenntnisse und meine fehlerhafte Ausdrucksweise, bedingt durch ein mangelhaftes Vokabelgedächtnis, bessern, andernfalls ... Also ging ich in die nahe Bibliothek und entlieh auf Gut' Glück eine Anthologie mit englischen und amerikanischen Kurzgeschichten. Weder an den Titel noch die Autorennamen kann ich mich erinnern – mit

Ausnahme zweier: E.M. Forster und seine unheimliche, für mich damals etwas schwer verständliche Novelle *The Machine Stops* und die beiden Short Stories *The Scythe* und *The Pedestrian*, zwei in einer düsteren Welt angesiedelte Erzählungen (erstere zur Zeit der Wirtschaftskrise Ende der 1920 Jahre, wo im mittleren Westen der USA ein einfacher Bauer auf geheimnisvolle Weise zum leibhaftigen Tod mutiert und einen Weltkrieg auslöst, letztere im Jahr 2053, wo es verboten ist, allein und ohne Ziel und Zweck spazieren zu gehen, und ein einsamer Spaziergänger nachts von der Polizei aufgegriffen und in eine Nervenheilanstalt gebracht wird) des mir bis dahin unbekannten Ray Bradbury. Von beiden Geschichten war ich derart fasziniert, daß ich mehr von dem Autor lesen wollte, weshalb ich mich in jene Buchhandlung begab, in der ich bereits als 15-Jähriger Stammkunde war. Der Buchhändler, der nur ein funktionierendes Auge besaß (das andere schien irgendwie blind oder vielleicht sogar aus Glas zu sein – was es damit auf sich hatte, getraute ich mich aus Pietät nie zu fragen und erfuhr ich somit auch nie), hatte das Buch, aus dem *The Pedestrian* stammte, nicht (ich war tatsächlich so naiv gewesen zu glauben, es müsse, noch dazu im englischen Original, selbstverständlich lagernd sein!), dafür aber ein anderes desselben Autors: *Fahrenheit 451*. Auf meine Frage, ob ich es lesen könne, erwiderte er: wenn ich mich anstrengen würde und bei meiner Leseerfahrung, ginge es schon. Ich erstand das Buch um achtzehn Schillinge und vierzig Groschen (bei einem monatlichen Taschengeld von fünfzig Schilling eine enorme Summe) und bestellte im gleichen Zug das gewünschte. Ein paar Wochen später konnte ich es abholen.

Auf dem Buchumschlag prangte in riesigen, an der Pop-Art orientierten Lettern der Name des Autors. Darunter fand sich in einem Kreis, der sich kunstvoll mit dem Ypsilon von „Bradbury" verband, eine surreale, in Grün- und Gelbtönen gehaltene Szenerie: aus einer Marslandschaft, deren Berge lange Schatten warfen, ragte ein schwer zu identifizierendes Gebäude, eigentlich die Ruine eines Fassade, davor, winzig, fast zu übersehen, eine menschliche Figur, die mit ausgebreiteten Armen auf jenes seltsame Gebilde wies, das in der Luft schwebte, ein vogelähnliches Gerüst mit riesigen blau-gelben Flügeln und Rädern, das ein weiterer Mensch betätigte. Dahinter, riesengroß, die kraterübersäte Oberfläche eines bedrohlich nahen Mondes. Über all dem stand in gelben Versalien: *The Golden Apples of the Sun*.

Ich nahm das Buch, und wie bei *Fahrenheit 451* schloß ich die Augen, öffnete es und roch daran. Der Duft war überwältigend, und zusammen mit dem Cover entführte er mich in ungeahnte Landschaften der Poesie und zwang mich, noch an Ort und Stelle zu schmökern. Wieder hatte ich 18,40 zu bezahlen (der Preis war vom Buchhändler mit Bleistift auf die Coverrückseite des Taschenbuchs notiert worden, ebenso das Datum: 14.1.72), was ein großes Loch in mein Budget riß. Aber das war ohne Bedeutung; von Bedeutung war nur das Buch mit seinen zweiundzwanzig Short Stories. Auf dem Buchrücken war zu lesen: „Here are stories of weird, beautiful and wonderfully improbable people, places and things. Stories where Bradbury's imagination goes the other way – inside. Inside men, monsters, and other undefinable creatures to their strange desires and idiotically outrageous obsessions."

Eine Ankündigung, die sich so verlockend las, daß ich ungeduldig nach Hause lief und sogleich mit der Lektüre begann. Daß es sich bei der 1953 erstmals erschienenen Sammlung um eine der besten des Autors handelte mit einigen seiner populärsten und einflußreichsten Geschichten – neben *The Pedestrian* finden sich darin *The Fog Horn* (Grundlage für *The Beast from 20,000 Fathoms*, einen Science Fiction-Film, zu dem Ray Harryhausen die Spezial-Effekte schuf), *The Flying Machine* (Inspiration für den Maler des Buchcovers und von mir Jahrzehnte später für den ORF zu einem Kurzhörspiel verarbeitet) sowie *A Sound of Thunder* (eine ungemein raffiniert konstruierte Geschichte, die den Schmetterlingseffekt verarbeitet und Grundlage für einen leider mäßig gelungenen Film bildet) –, war mir natürlich nicht bewußt, und ebenso wenig Aufmerksamkeit schenkte ich im ersten Moment dem Motto, dem der Buchtitel entnommen worden war: „... And pluck till time and times are done / The silver apples of he moon, / the golden apples of the sun."

Zurück in die Wohnung mit den beiden Freunden, von denen der eine aufgeregt von Bradburys phantastischen Geschichten berichtet, die ihn schon zu eigenen Erzählungen inspiriert hätten, während der andere ungläubig staunend, auch etwas amüsiert zuhört und das Lied noch mehrere Male abspielt. Zuhause wird der Erzählband und sein Motto einer eingehenden Prüfung unterzogen und das Lied aus dem Gedächtnis nachgespielt. In den folgenden Tagen wird der Junge – lange vor Internet und Google – in die Stadtbibliothek gehen, um über W. B. Yeats mehr zu erfahren. Der Dichter, 1865 in Dublin geboren und

1939 in Menton, Frankreich gestorben, hatte, 1923 mit dem Nobelpreis für Literatur geadelt, das Gedicht 1897 im britischen Magazin „The Sketch" unter dem Titel *A Mad Song* veröffentlicht und zwei Jahre später als *The Song of Wandering Aengus* in seiner Gedichtsammlung *The Wind Among the Reeds* herausgebracht. Es zählte nach Yeats' Aussage zu seinen Lieblingsgedichten und wurde viele Male von den unterschiedlichsten Komponisten vertont, darunter eben auch von Donovan. Aengus, der nur im Titel des Gedichts genannt wird, ist eine irisch-keltische Sagengestalt und verweist auf Yeats' intensive Beschäftigung mit den Mythen und Sagen seines Herkunftslandes. Bradbury wiederum hatte in einem späteren Interview bekannt, seiner Frau Marguerite, die fließend Spanisch und Italienisch sprach und besonders mit der Literatur der Romantik vertraut war, den Hinweis auf Yeats' Poesie zu verdanken. Das Aengus-Gedicht und speziell die letzten drei Verse hätten ihn derart beeindruckt, daß ihn die letzte Zeile zu einer Short Story und zum Titel der Erzählsammlung inspiriert hätten.
Donovan ist, bis auf das eine Lied, das noch öfters als Platte oder auf der Gitarre gespielt wurde, aus dem Leben der beiden Freunde verschwunden. Yeats wurde für den einen zu einem Lieblingsdichter, ohne aber Spuren in seinen eigenen Werken zu hinterlassen (abgesehen von zwei, drei ihm gewidmeten Gedichten oder seinem Werk entlehnten Motti). Ray Bradbury hingegen wurde zu einem jener Schriftsteller und Dichter, deren Lektüre unverkennbar Einfluß auf sein eigenes Schreiben und Denken hinterlassen haben.
Nur kurze Zeit nach der Recherche in der Bibliothek ist

der Junge in der Buchhandlung aufgetaucht und hat ein weiteres Buch von Bradbury sowie eine Auswahl aus Yeats' Gedichten bestellt. Es ist nicht überliefert, aber auch nicht unwahrscheinlich, daß der Buchhändler wissend gelächelt hat.

2

Landschaft in kreisrundem Ausschnitt: Hügel, Bergketten und Senken, aneinandergereihte Kulissen, im Nachmittagslicht verschwimmend, bis sie, am Horizont, sich mit dem blaßblauen Himmel vereinen. Wald. in die Senke hinab und den gegenüberliegenden Hang hinauf, ins nächste Tal und über die darauffolgenden Hügel, Bäume, das Land überflutend in Wellen, nur hie und da unterbrochen von kleineren Wiesen und Felsblöcken, die ihrerseits bewachsen sind von Baumgruppen, Buschwerk oder einzelnen Bäumen, welche, einmal Wurzeln gefaßt in dem spärlichen Erdreich einer Felsspalte, verkrüppelt aufragen. die Hände führen den Feldstecher, zittrig und ungelenk. Bäume tauchen auf, wandern durchs Bild, verschwinden, erscheinen von neuem. Kiefern und Fichten, seltener Tannen, da und dort Buchen. der Blick tastet die Stämme ab, die abgestorbenen Äste, die ineinandergreifenden Kronen. Rinden und ihre Maserung, eine Landschaft im Kleinen. wo der Wald von einer Wiese, einer feuchten Niederung unterbrochen wird, weiße Flecken. Schneereste. in den Senken die Mäander kleiner Bäche, an den Ufern niedriges Buschwerk, Erlen. ein Anflug von Grün. wo die Ufer ein wenig auseinandertreten, ist der Bachverlauf als rostbraunes Band zu erkennen. und selten, so als ob sie, unbrauchbar oder hinderlich geworden, wie auf der Flucht zurückgelassen worden wären, Spuren einer früheren Zivilisation: da und dort ein Hochstand, versteckt in der Krone eines Baumes, eine verfallene Holzhütte, ein modernder Holzstoß; Wege, abgekarrt, überwuchert und vom Regen ausgewaschen, so daß tiefe Rinnen sie durchziehen; Stege und Brücken, eingebrochen oder aufgrund fehlender Planken nicht mehr benützbar; und ab und zu ein Gehöft oder ein Weiler, verlassen, versteckt hinter Obstbäumen, Büschen und wildwucherndem Efeu. dort, sagt die Stimme, dort drüben ist es. der Blick schweift über das Land, sucht, verirrt sich, kehrt zum Ausgangspunkt zurück, folgt der Hand. findet. auf der Anhöhe eines Berges, der, zwischen zwei Hügelketten gelegen, kegelförmig aufragt, das Dorf: Häuser und kleine Gehöfte, verborgen hinter blühenden Obstbäumen, weiß und rot, die äußeren Gebäude auf dem steilen Abhang beinahe hängend, die anderen zusammengedrängt auf der schmalen Bergkuppe, überragt von einem schlanken, schwarzen, sich gegen den blaßblauen Himmel schattenrißähnlich abhebenden Kirchturm. das, sagt die Stimme, das ist es. glaub ich

Der das schreibt, arbeitet seit Wochen an einer Erzählung über eine junge Frau, die als Lehrerin in einem südböhmischen Dorf nahe der Grenze zu Oberösterreich (das zu der Zeit Oberdonau heißt) eingesetzt ist. Es herrscht Krieg, die Junglehrerin ist ein Fremdkörper in der Dorfgemeinschaft, wird gemieden oder sogar angefeindet und fühlt sich alleingelassen in dem Ort, der von der Landeshauptstadt, in der ihre Familie wohnt, nur durch eine lange Zugfahrt und einen beschwerlichen Fußmarsch erreichbar ist. Ihre Schwester kommt sie ein- oder zweimal besuchen, ihr Vater gar nicht, die Mutter ist schon lange tot, Ferien oder Heimaturlaub gibt es nicht. In der psychischen wie physischen Kälte (es ist Winter) bietet ihr vermeintlichen Schutz und ein wenig Wärme ein deutscher Offizier, der sich bald wieder von ihr distanziert und in den Kriegswirren verloren geht. Am Ende des Schuljahres kehrt sie zu ihrer Familie zurück, desillusioniert und hochschwanger.

Eine Kolportagegeschichte, handelte es sich nicht bei der jungen Frau um die Tante des Autors, die ihm sehr nahestand, die ihn in der Volksschule unterrichtete, ihn durch die Pubertät begleitete und mit ihrer Vorliebe für Literatur, Klassisch-Romantische Musik und Film prägte. Er hat sich in den Kopf gesetzt, diesen Abschnitt ihres Lebens literarisch zu verarbeiten. Fragen kann er sie allerdings nicht mehr, da sie bereits vor Jahren verstorben ist, ihren Sohn wagt er nicht zu konsultieren, weil er nicht weiß, wie weit dieser mit der eigenen Vergangenheit und der seiner Mutter vertraut ist. Also ist er auf die fragmentarische Erinnerung der Schwester seiner Tante – seiner Mutter – angewiesen und muß die Lücken füllen durch Phantasie und eigene Erinnerungen aus Kindheit und Jugend, als die Familie zahllose Sonntagsausflüge an die unsichtbare und gleichzeitig tödliche Grenze machte, um auf einen der Aussichtstürme zu steigen und *hinüber* zu blicken in das fremde und in seiner Fremdheit immer vertrauter werdende Land. Was die Familie und speziell die Tante bewog, wiederholt in diesen Hochwald zu fahren und durch den Feldstecher des Vaters den zunehmenden Verfall von Ortschaften (die man hier bezeichnenderweise „Wüstungen" nennt) zu beobachten, verstand und interessierte das Kind nicht, ahnte der Jugendliche nach und nach und begriff erst der Erwachsene: nämlich daß sich hier die lebensprägende Tragödie seiner Tante abgespielt hatte, die als Alleinerziehende jahrelang – selbst in der eigenen Familie – eine Außenseiterrolle innehatte und Zeit ihres Lebens ehelos blieb.

Dieses knapp eine Jahr im Leben seiner Tante zu literarisieren, ist ein gewagtes Unternehmen; deshalb befleißigt er sich einer nüchternen Sprache, reichert sie an mit eigenen Träumen, die er der Hauptfigur zuschreibt, und bettet die Geschichte ein in die Erinnerung an die zahlreichen Fahrten und Wanderungen entlang der Grenze, die ihm als Kind unbegreiflich war und als Heranwachsendem ein Ärgernis wurde. In den Text mengt sich auch immer wieder Adalbert Stifter ein, jener Lieblingsautor der Tante, den sie auf den Wanderungen oftmals zitierte und dessen Beschreibung des Hochwaldes und verborgenen Sees sie in der vierten Volksschulklasse als Grundlage für eine sogenannte Freischrift verwendete, also eine Übung, bei der die Kinder einen Text auswendig zu lernen und in der Schule möglichst fehlerfrei niederzuschreiben hatten – was dazu führte, daß der zukünftige Autor während seines Germanistikstudiums ein Stifter-Seminar besuchte und über dessen *Hochwald* eine Arbeit verfaßte. Das alles fließt natürlich nicht in den Erzähltext ein, spielt aber als geheime Schrift mit, die sich in die Erzählung einschreibt, unlesbar, aber zu erahnen.

So wie die Bruchstücke einer Melodie, die von Beginn an da ist, seit er die ersten wenigen Sätze formuliert, gestrichen und neu formuliert hat und er sich Satz um Satz vorantastet. Er kann die wenigen Takte mitsummen, weiß, daß er sie kennt, kann aber nicht sagen, aus welchem Werk sie stammen. Es ist wie mit einem Traum, aus dem man erwacht und der, je mehr man sich an ihn zu erinnern versucht, entschwindet, bis er fort ist und die vage Erinnerung bleibt, daß etwas da war und nicht mehr wiederkehrt. In diesem Fall aber bleibt das musikalische Traumgebilde, begleitet hartnäckig seine Arbeit und mischt sich selbst in außerliterarische Tätigkeiten und den Alltag ein. Diese unvertraut-vertraute Melodie bleibt für über einen Monat eine Art Hintergrundrauschen, das ihn bis in die Träume hinein begleitet, mehr noch: verfolgt, und nach und nach zur Manie wird.

Ich hatte soeben meinen ersten Roman (über Pablo Picassos großformatiges Gemälde *Guernica* und dessen historische und künstlerische Voraussetzungen) geschrieben und veröffentlicht, hatte für eine Erzählung über die sogenannte „Mühlviertler Hasenjagd" einen Förderpreis erhalten und war bei Texten mit explizit politischer Thematik geblieben. Die Geschichte, an der ich gerade arbeitete (und die mit vier weiteren einen Erzählband bilden sollte), hatte zwar auch einen politischen Hintergrund, aber im Gegensatz zu den anderen Texten stand hier das persönliche Schicksal der Hauptfigur im Zentrum und die Politik bzw. Zeitgeschichte bildete nur die Folie, auf der sich die Ereignisse abspielten. Daß ich mich in meinen literarischen Arbeiten besonders politischen Themen zugewandt hatte, war zum einen der eigenen Familiengeschichte geschuldet (der Vater war blutjung rekrutiert worden und hatte den Zweiten Weltkrieg an verschiede-

nen Fronten mitgemacht, einige der näheren Verwandten waren bis zu ihrem Lebensende dem nationalsozialistischen Gedankengut nahegestanden und hatten mich als Jugendlichen mit entsprechenden Aussagen immer wieder provoziert), zum anderen den politischen Umschichtungen Ende der 1980er Jahre: 1985 war Michael Gorbatschow Generalsekretär der KPdSU geworden und hatte begonnen, die Sowjetunion umzugestalten und neu auszurichten (Glasnost und Perestoika waren die prägenden Schlagworte jener Zeit), 1986 explodierte in Tschernobyl der Atomreaktor, im selben Jahr erschütterte die Waldheimaffäre Österreich, und 1989 war das Jahr der größten Veränderungen – nicht bloß für Europa, sondern für die gesamte Welt: George W. Bush wurde Präsident der USA, im Juni endeten Studentenproteste auf dem Platz des Himmlischen Friedens in Peking in einem Massaker, Ungarn öffnete den Eisernen Vorhang und am 9. November fiel die Berliner Mauer.
Und nicht zu vergessen: Die CD hatte ihren (zumindest vorläufigen) Siegeszug angetreten und verdrängte die Vinylplatte mehr und mehr. Wiederholt hatte ich in den Chor der Kritiker mit eingestimmt und eine Lanze für das alte Musikformat gebrochen, aber als trotz größter Pflege und sorgsamen Umgangs auf der soeben erst erworbenen Einspielung von Bachs *Goldberg-Variationen* Glenn Gould plötzlich von einem Schlagzeug begleitet wurde, war mein Widerstand gebrochen und ich kaufte meinen ersten CD-Player. Aber so ein Gerät ohne CD ist albern, weshalb ich umgehend das Musikgeschäft aufsuchte, das in einem Durchhaus der Salzburger Altstadt lag und wo ich bis dahin den Großteil meiner Plattensammlung

erworben hatte. Natürlich hätte ich – was naheliegend gewesen wäre – eine CD mit Goulds Bach-Interpretation erwerben können, um befreit von störenden Kratzgeräuschen der Musik lauschen zu können. Aber irgendetwas hielt mich davon ab, und so stand ich ziemlich ratlos und überfordert in dem Geschäft und starrte die Tausenden von CDs an, die sich in den Regalen bis unter die Decke stapelten. Welches Werk, welcher Komponist hatte den Rang beziehungsweise sollte die Ehre haben, den Beginn meiner CD-Sammlung zu machen? Ich hatte keine Ahnung.

Und dann fiel mein Blick auf einen Tisch mit Billigangeboten mit oben auf Schuberts *Winterreise* in der Einspielung von Dietrich Fischer-Dieskau und Gerald Moore aus dem Jahr 1955. Einem mir in diesem Moment unerklärlichen Impuls folgend – das heißt: ich reflektierte ihn gar nicht, sondern gab ihm einfach nach – nahm ich die CD und ersuchte die Verkäuferin, sie probehören zu dürfen. Der Schock, der mich bereits nach den ersten beiden Takten traf, noch bevor der Sänger zu singen anhebt, während das Klavier in schlichten Achtelnoten das Thema anspielt, hätte nicht größer sein können: Es war die Melodie, die mich seit Wochen verfolgt hatte, die mir so bekannt vorgekommen war und die ich dennoch nicht und nicht zuordnen hatte können! Jetzt hatte sie einen Namen und jetzt erhellten sich mir Zusammenhänge, die mir das Unbewußte die längste Zeit bewußt machen hatte wollen und die das Bewußtsein, begriffsstutzig wie es oftmals ist, nicht annehmen hatte wollen oder können. Nicht nur, daß es sich um genau jene Einspielung handelte, die meine Tante immer wieder gespielt hatte (nur mit einer anderen, etwas moderneren Covergestaltung), jetzt verstand ich mit einem Schlag auch die Rührung, die sie jedesmal bis zu Tränen in den Augenwinkeln ergriffen hatte: Die ersten beiden Verszeilen charakterisieren nicht nur das lyrische Ich und geben die Marschrichtung vor – nämlich durch die Schneewüste dem unausweichlichen Ende, dem selbstgewählten Tod, entgegen –, sondern auch – so mußte sie es wohl empfunden haben – das Schicksal und Lebensskript meiner Tante: „Fremd bin ich eingezogen, / Fremd zieh' ich wieder aus."

Unerfahren in diesen Dingen (erst später wird er hellhörig und hellsichtig werden und den Stimmen und Melodien, aber auch seinen Händen vertrauen, die intuitiv nach etwas greifen, das sich fast immer als das genau Richtige erweisen sollte), kauft der Jungautor die CD und spielt sie in den kommenden Tagen zahllose Male. Und er schreibt seinen Text um, baut Zitate aus dem Liederzyklus ein und gibt seiner Erzählung den einzig richtigen Titel: *Winterreise*.

3

Was bringt einen dazu, ein Land zu lieben, noch bevor man es betreten und kennengelernt hat? Was veranlaßt einen, alle Bücher über dieses Land, derer man habhaft werden kann, zu lesen, sich in seine Geschichte zu vertiefen, seine unterschiedlichen Kulturen zu studieren und seine Sprache zu lernen, um seine Lieder verstehen, vor allen Dingen aber seine Dichter im Original lesen zu können? Liebt man dieses Land tatsächlich oder nicht vielmehr das Bild, das man sich durch Bücher, Filme, Photos und Musik zusammengezimmert hat und in sich trägt wie einen gutgehüteten Schatz? Was, wenn man dieses Land der Träume endlich bereist und sieht, wie es *wirklich* ist?

Da ist zunächst einmal der siebenjährige Volksschüler, der von der Karl May-Welle erfaßt und mitgerissen wird, der, obwohl noch zu jung, aber großgewachsen und somit älter wirkend, unter Begleitung seiner Tante ins Kino gehen darf und *Der Schatz im Silbersee* und ein Jahr darauf *Winnetou I* und in der Folge alle bis 1968 gedrehten May-Filme ansieht (von denen allein 1964 vier und 1965 gar sieben in die Kinos kommen, was dazu führt, daß die Fans – überwiegend Kinder und junge Jugendliche mit ihren Eltern – alle zwei bis drei Monate ins Kino gehen müssen, um den neuesten Abenteuern von Winnetou, Old Shatterhand, Kara Ben Nemsi, Old Shurehand und ihren treuen Begleitern beiwohnen zu können); der mit acht Jahren beginnt, eine Kurzfassung von *Winnetou I* in ein Preßspanheft zu schreiben und sich wundert, daß die Handlung und die Figuren unter seiner Hand ein Eigenleben entwickeln und anders als geplant geraten, womit er ungewollt einen Grundstein legt für seine spätere Schriftstellerkarriere; der über 30 der damals mehr als 70 Bände zählenden Gesammelten Werke des sogenannten „Volksschriftstellers" liest und bei jedem neu erstandenen Buch mit seinem Vater konkurriert, wer es als erster lesen darf, bis seine Begeisterung aufgrund der sich wiederholenden Szenarien und seines Alters erlahmt und er zu anderen Autoren und Genres wechselt; und dem, trotz ihrer langatmigen Geschichte und der zahllosen unübersehbaren Fehler und Mängel, am nachhaltigsten in Erinnerung bleiben die beiden Filme (übrigens unter der Regie jenes Robert Siodmak, der sich 1938 in Paris mit Ödön von Horváth getroffen hatte) *Der Schatz der Azteken* und *Die Pyramide des Sonnengottes* mit seinem Idol Lex Barker als Dr. Sternau in langem Ledermantel und mit Lederhandschuhen (ein Detail, das dem Jungen besonders imponiert) sowie der den Filmen zugrundeliegende fünfbändige Romanzyklus *Das Waldröschen* – wohl weil es sich nicht um bloße Abenteuergeschichten und „Reiseerzählungen" handelt, sondern um eine großangelegte Geschichte auf dem Hintergrund der 1864 stattfindenden Auseinandersetzungen zwischen Erzherzog Maximilian von Österreich und dem Rebellen Benito Juárez, womit ein Land in seinen Fokus gerät, das sein Leben nachhaltig prägen wird: Mexiko.

Da ist der zwölfjährige Gymnasiast, der sich für präkolumbische Kulturen interessiert, zahlreiche Bücher dazu liest und es zum Schrecken der Mitschüler wagt, der Geschichtslehrerin zu widersprechen, und sich auf einen Disput mit ihr einläßt, weil er der Meinung ist, sie zeichne ein geschöntes, unrealistisches Bild der Azteken und Maya, da diese Völker seiner Meinung nach gar nicht so human gewesen seien, wie sie behauptet, wenn die Azteken ihren Göttern täglich Menschenopfer darbrachten und die Maya sogar Jungfrauen in den Cenotes, den heiligen Seen, versenkten in dem irrigen Glauben, dies sei zum Wohlgefallen ihrer blutrünstigen Götter.

Da ist der knapp Dreißigjährige, der mit seiner Frau die Ausstellung *Glanz und Untergang des Alten Mexiko* besucht, die rare Exponate der präkolumbischen Kulturen (Azteken, Maya, Mixteken, Zapoteken) zeigt – Töpfereien, Werkzeuge, Teppiche, Messer aus Obsidian, feinziselierte Ringe, Broschen und Halsketten aus Gold, bedrohlich oder skurril wirkende Masken aus Jade, Türkis, Alabaster, Achat, Malachit und Muscheln, Götterstatuen, denen die Grausamkeit ins Gesicht geschrieben steht, Teller, Kelche und Schalen für die Herzen und das Blut der Geopferten, Handschriften mit unentschlüsselbaren Schriftzeichen, Symbolen, Piktogrammen, Glyphen und Figuren, und immer wieder Totenköpfe, verziert, bemalt in Ocker-, Braun- und Rottönen, manche versehen mit Resten von Haupthaar –, an den Wänden großformatige Photos von Gebäuden, Tempelanlagen und Landschaften mit meterhohen Kandelaberkakteen, wie sie ihm aus Western nur allzu bekannt sind und ein Fernweh verursachen, das ihn, zusammen mit Erinnerungen an Jahrzehnte zurückliegende Karl May-Lektüre und -Filme und Herb Alperts Mariachi-Musik erfaßt und dem er nichts entgegenzusetzen hat, so daß er mitten in der Ausstellung unvermittelt stehenbleibt, seine Frau anschaut und sagt: „Da müssen wir hin!"
Da ist der Autor, der, beschenkt (ja, beschenkt fühlt er sich) mit einem Stipendium und einem Preis, die es ihm ermöglichen, sich für ein Jahr von seinem Brotberuf freizumachen, um reisen und recherchieren zu können für einen Roman, der schon seit dem ersten Aufenthalt in seinem Kopf umgeht und bereits vielerlei Gestalt angenommen hat und sich noch mehrmals ändern wird, bis

er seine endgültige Form gefunden haben wird – der jetzt also Mexiko monatelang abfährt und durchwandert, wochenlang geht er Straßenzug um Straßenzug die Hauptstadt ab, folgt den vielbefahrenen, nie zur Ruhe kommenden Avenidas, trifft unversehens mitten in dieser stinkenden, lärmenden Megacity auf Plätze mit dörflichem Charakter und verschwiegene Parks, wagt sich hinaus an die zerfransten Ränder dieses Molochs, in denen Armut und Kriminalität hausen und aus denen man, so heißt es, kaum unbeschadet herauskommen kann, vor allem nicht, wenn man sie als Tourist, mit der Kamera in der Hand und unbegleitet durchstreift, er nimmt Kontakt mit Schriftstellern und Journalisten auf, wird zu Tertulias, den traditionellen Dichtertreffen, eingeladen, reist hinunter zu den archäologischen Stätten der Mixteken, Zapoteken, Olmeken und Maya, dringt in die dampfende Selva der Lacandonen vor und durchquert die Wüste von Sonora, in der es nicht selten 50 Grad und mehr im Schatten hat (allerdings gibt es dort kaum einen Schatten), und jedesmal wenn er glaubt, das Land begriffen zu haben und seinen Roman schreiben zu können, zieht es sich zurück, zeigt sich unnahbar und abweisend oder präsentiert neue, unbekannte Facetten, bevor es ihn wieder wie einen alten Freund in die Arme nimmt, und dieses Wechselbad der Gefühle, dieses Jojo aus Anziehung, Befremdung, Abstoßung und erneuter Annäherung geht so lange, bis er, endlich, begreift: Diesem Land ist nicht beizukommen.

Und dann stand ich wieder einmal in der Librería Gandhi, jener legendären, 1971 aus revolutionärem Geist heraus gegründeten Buchhandlung in der Avenida Miguel Ángel de Quevedo am Rand der Colonia Coyoacán mit ihren Tausenden Büchern in den viel zu kleinen Regalen, mannshohen Stapeln, die den Weg durch die schmalen Gänge versperren, den übervollen Tischen, dem Café mit den schachspielenden Männern im ersten Stock und dem Duftgemisch aus Staub, Papier, Druckerschwärze, Kaffee sowie Chile, Cilantro, Maistortilla und Fleisch vom nahen Tacostand, und suchte – ich wußte nicht was. Musik sollte es diesmal sein, und die Librería verfügte auch über eine große Sammlung an Platten und Musikkassetten (CDs führte sie noch nicht) der verschiedensten Genres von Pop und Rock über Klassik bis hin zu lateinamerikanischer Musik und mexikanischer Folklore. Orientierungslos und etwas ratlos ging ich die Regale entlang. In meiner Unterkunft verfügte ich über keine Stereoanlage mit Plattenspieler, sondern nur über ein kleines transportables Kassettendeck. Das schränkte die Auswahlmöglichkeiten erheblich ein: Die CD erlebte in den USA und Europa gerade ihren Höhenflug, drängte die Vinylplatte immer mehr zurück, und die Musikkassette war – mit Ausnahme von hier offenbar – nur noch ein belächeltes Auslaufmodell. Und dann wußte ich nicht einmal, nach welcher Musikrichtung ich suchen wollte: Sollte es indigene Musik sein (der Purépecha zum Beispiel, alten Konkurrenten der Azteken, deren Nachfahren heute im Bundesstaat Michoacán siedeln) oder mexikanischer Rock, sollten es Norteñas, wie man sie diesseits und jenseits des Río Grande in einschlägigen Lokalen zu hören bekommt, oder schmalzige Boleros sein, hatte ich Lust auf die Musik der Charros, der mexikanischen Variante der Cowboys, oder der Mariachi, die jeder mit Mexiko assoziiert und die mein kindliches und jugendliches Mexikobild geprägt hatten? Ich hatte keine Ahnung. Die Situation war mir vertraut, aber deswegen nicht gerade angenehm, im Gegenteil: Die Ratlosigkeit wich einer Unlust, ich stand kurz davor, den Laden zu verlassen, als mein Blick auf eine kleine Stellage mit Trio-Musik fiel. Die Kassetten mußten schon einige Jahrzehnte alt sein, zumindest waren es die Coverphotographien: Da sah man Männer in altmodischen Anzügen und Krawatte, wie sie einander mit Weingläsern zuprosten, darüber in verschnörkelter Schrift Época de oro und darunter Trío Los Panchos. Wieder einmal einem spontanen Impuls folgend, griff ich nach der Kassette, kaufte sie und legte sie wenige Stunden später in den Recorder ein; wieder einmal wurde ich überschwemmt und fortgerissen von einer Flutwelle an Erinnerungen an eine Radiosendung (*Musik aus Lateinamerika* hieß sie), die ich als Jugendlicher mit wachsender Begeisterung hörte, an die rauchige, sinnliche Stimme der Moderatorin (wie war nur ihr Name? richtig: Erika Vaal), die die Lieder ansagte und den Text, zumindest in Teilen, auf Spanisch und danach in Übersetzung vortrug und den Grundstein legte für meine Liebe zu der Musik oder besser: den vielen unterschiedlichen Musiken jenes fernen faszinierenden Kontinents; wieder einmal hatte meine Hand genau danach gegriffen, was mein Bewußtsein nie gefunden hätte: eine Kassette mit just jenen drei Männern, die nicht nur den Trio-Gesang mit den typisch hohen Stimmen, den zwei Gitarren und dem Requinto, einer hoch gestimmten Kleingitarre, geprägt hatten, sondern die auch von Erika Vaal immer wieder gespielt worden waren und dazu beigetragen hatten, daß meine Sehnsucht immer größer wurde und der Wunsch, dieses Land endlich einmal zu bereisen, immer dringender, und das Lied, dem ich jetzt lauschte und das ich sofort wiedererkannte (obwohl ich es seit Jahrzehnten nicht mehr gehört hatte), war und blieb bis heute eines der populärsten jenes Trios und findet sich, wie ich erst später herausfand, auf jeder Best-of-Sammlung, und als die Männer nach dem kurzen Gitarrenvorspiel zu singen anfingen, konnte ich, obwohl den Text nicht ganz verstehend, die Silben und Worte mitstammeln, so wie ein Kleinkind zwar nicht die Worte versteht, dafür aber den emotionalen Gehalt, so sehr hatte das Unterbewußtsein das Lied *Perfidia* abgespeichert:

Nadie comprende lo que sufro yo,
Canto pues ya no puedo sollozar.

Niemand versteht, was ich leide,
Ich singe, da ich nicht mehr weinen kann.

Über den Rausch der Worte

Hemos creado a Dios para salvar al Universo de la nada.
Wir erschufen Gott, um das Universum vor dem Nichts zu bewahren.
Miguel de Unamuno

1

Soeben hat der Priester Brot und Wein gesegnet und die Wandlungsworte gesprochen: „Am Abend vor seinem Leiden nahm er das Brot in seine heiligen und ehrwürdigen Hände, erhob die Augen zum Himmel, zu dir, seinem Vater, dem allmächtigen Gott, sagte dir Lob und Dank, brach das Brot, reichte es seinen Jüngern und sprach: ‚Nehmet und esset alle davon: Das ist mein Leib, der für euch hingegeben wird.' Ebenso nahm er nach dem Mahl diesen erhabenen Kelch in seine heiligen und ehrwürdigen Hände, sagte dir Lob und Dank, reichte den Kelch seinen Jüngern und sprach: ‚Nehmet und trinket alle daraus: Das ist der Kelch des neuen und ewigen Bundes, mein Blut, das für euch und für alle vergossen wird zur Vergebung der Sünden. Tut dies zu meinem Gedächtnis.'"
Ab diesem Augenblick ist das Brot der Leib Christi und der Wein sein Blut.
Zuvor hat der etwa zehnjährige Ministrant dem Priester die Kännchen mit Wasser und Wein gereicht und die geleerten Gefäße auf das Tischchen seitlich abgestellt. Nun steht er neben dem Altar, so nah wie noch nie. Zwei Jahre zuvor war alles noch auf Latein abgelaufen, da hatte er nicht viel mehr verstanden als „Hoc est enim corpus

meum." und „Hic est enim calix sanguinis mei ..." (der Rest war immer in einem undeutlichen Gemurmel untergegangen), und er mußte abseits, in gebührlichem Abstand stehen. Nun darf, nein: muß er nah am Altar stehen, quasi ein Wächter, eine Art Engel, wie er sie von alten Gemälden her kennt, die links und rechts des Gottesthrones Aufstellung genommen haben. Und er kann – zum ersten Mal! – einen flüchtigen Blick in den Kelch werfen. Was er sieht, enttäuscht, nein: schockt ihn und löst den ersten Glaubenszweifel aus.

Ich weiß nicht, warum ich ausgerechnet beim Wein erwartet hatte, daß er nach der Wandlung rot schimmern und Blut sein müßte. Bei der Hostie war mir Ähnliches nie in den Sinn gekommen – wahrscheinlich weil der Anblick der Hostie vor und nach der Wandlung vertraut und stets derselbe war und die Oblate nie nach Fleisch, sondern immer nur fad schmeckte und am Gaumen kleben blieb. Beim Wein mußte das anders sein. War es aber nicht.
Ich habe nie mit jemandem darüber gesprochen: nicht mit dem Priester, den ich verehrte (weshalb ich unvorsichtigerweise als Volksschüler den Wunsch geäußert hatte, Priester werden zu wollen, was meine Mutter auf den Plan rief, die mich, fromm wie sie war, darin bestärkte und mich prompt ins Humanistische Gymnasium schickte, wo Latein und Griechisch unterrichtet wurde, zwei Sprachen, die ich beim Theologiestudium benötigen würde) noch mit jemand anderem, schon gar nicht mit meinen Eltern. Mein Zweifel nagte an mir, er war mein Geheimnis, aber er verflüchtigte sich alsbald wieder. Fürs erste zumindest.

Die Zweifel kamen im Gymnasium just durch den Religionsunterricht und die gläubige Mutter (die, wie sich erst viel später herausstellte, gar nicht so gläubig war und ebenso von Zweifeln geplagt wurde, dies aber erst gestand, als ich erwachsen war und sie sich mir gegenüber nach und nach öffnete), und zwar weil ich die biblischen Geschichten ernst nahm und für wahr hielt (als das sie ja vermittelt wurden und noch heute werden – zumindest in der Liturgie und im Religionsunterricht in der Pflichtschule). Ich begann die Genesis zu studieren, und da fielen mir Heranwachsendem Widersprüche und Ungereimtheiten auf:
Wie konnte jemand das Schöpfungswerk Gottes (Gen 1,1-2,4a) beschreiben und wissen, was der Reihe nach geschah, wenn der Mensch erst am sechsten Tag erschaffen wurde?
Wieso gibt es zwei einander widersprechende Schöpfungsberichte: das Siebentagewerk und die Paradieserzählung (Gen 2,4-25), die eine divergierende Reihenfolge der Schöpfung schildern, vor allem aber ein unterschiedliches Bild vom Menschen vermitteln?
Wieso darf der Mensch vom Baum der Erkenntnis von Gut und Böse nicht essen und muß, wenn er es doch tut, sterben (Gen 3,1-24)? Ist es nicht vielmehr richtig und sogar notwendig, Gut und Böse unterscheiden zu können? Und ist das überhaupt noch ein Paradies, wenn es in ihm Verbot und Tod gibt?
Wieso zeigt sich Gott – entgegen der ständigen Behauptung, daß er es sei – nicht gnädig und verbannt Adam und Eva nach ihrem „Sündenfall" aus dem Garten Eden? Wenn er schon allwissend ist, dann hätte er doch wissen

müssen, was die beiden anstellen würden. Und wieso läßt er überhaupt die Schlange die beiden verführen? Ist da nicht vielmehr er der Verführer?
Ich weiß, das klingt für einen Menschen des 21. Jahrhunderts alles etwas naiv; aber das alles erzählt eben die Bibel, und der Zwölf-, Dreizehnjährige nahm sie bloß beim Wort.
Adam und Eva bekommen draußen (im Exil, würde ich sagen) zwei Söhne: Abel und Kain; ersterer wird Viehzüchter, zweiterer Ackerbauer. Beide opfern Gott, „aber auf Kain und sein Opfer schaute er nicht" (Gen 4,5a), worauf dieser im Zorn seinen Bruder erschlägt. Wieso ist Gott parteiisch, und ist damit nicht wiederum er es, der das Unheil heraufbeschwört? Und wieso versieht er Kain mit einem Mal, „damit ihn keiner erschlage, der ihn finde (Gen 4,15b), wo es doch außer dieser Familie keine Menschen geben dürfte? Aber die Ungereimtheiten finden kein Ende, denn Kain geht fort, läßt sich östlich von Eden im Land Nod nieder (wer gab dem Land den Namen?) und gründet mit einer Frau eine Familie (Gen 4, 16-17). Wo kommt diese Frau plötzlich her? Waren Adam und Eva etwa doch nicht das einzige Paar, von dem die gesamte Menschheit abstammen soll?
Fragen über Fragen. Fragen, die sich dem Pubertierenden stellen, die er aber noch länger nicht anderen gegenüber zu äußern wagt. Zu viel, das spürt er intuitiv, steht auf dem Spiel. Aber es geht noch weiter und wird immer schlimmer (vor allem was Gott und sein Verhalten betrifft): Der Mensch ist in den Augen Gottes verdorben, seine Schlechtigkeit nimmt zu, und da plant Gott, ihn auszulöschen, aber „auch das Vieh, die Kriechtiere und die

Vögel des Himmels, denn es reut mich, sie gemacht zu haben" (Gen 6,7b). Hätte Gott in seiner Allmacht und Allwissenheit nicht vorhersehen müssen, wie sich seine Schöpfung entwickelt? Und warum vernichtet er auch alle Tiere, die mit der „Schlechtigkeit des Menschen" nichts zu tun haben? Ist ihm offenbar klar geworden, daß er – salopp ausgedrückt – bei der Schöpfung Mist gebaut hat? Nun, wir wissen, wie die Geschichte weitergeht: Eine einzige Familie findet vor Gottes Augen Gefallen, die darf überleben, ebenso von jeder Tiergattung ein Paar, alle finden Platz auf der Arche (spätestens hier dämmert es dem Jugendlichen, daß Geschichten wie diese nicht die Realität wiedergeben können, aber noch bleibt er dabei, weiterhin das Buch Genesis seiner Prüfung zu unterziehen), der Rest wird von einer göttlichen Flut vernichtet. Delete und Neustart.
Wiederum reut Gott, was er getan hat (offenbar ist er ein Gott, der seine Emotionen nicht im Griff hat und dem dann leidtut, was er angerichtet hat), weshalb er mit Noah einen Pakt schließt: „Ich habe meinen Bund mit euch geschlossen: Nie wieder sollen alle Wesen aus Fleisch vom Wasser der Flut ausgerottet werden; nie wieder soll eine Flut kommen und die Erde verderben" (Gen 9,11). Aber der Pakt hält nicht lange: Schon zwei Kapitel später hadert Gott wiederum mit den Menschen und verwirrt in Babel ihre Fähigkeit, miteinander zu kommunizieren (Gen 11,1-9), damit sie ihm nicht über den Kopf wachsen. Es scheint, dieser Gott ist nicht nur launisch, rachsüchtig und von schlechtem Gewissen geplagt, sondern auch ängstlich darauf bedacht, seine Stellung nicht zu verlieren (wie man später bei der Geschichte vom

Goldenen Kalb und den ersten drei Geboten gut sehen kann). Richtig schlimm wird es acht Kapitel danach (Gen 19,1-29): Da wird die Stadt Sodom samt ihren Einwohnern von Gott dem Erdboden gleich gemacht, weil hier erstens die Sünde herrscht und zweitens Lot samt Familie von einem aufgebrachten Mob bedrängt wurde. Alle außer Lot und den Seinen werden von Gott getötet, Männer, Frauen, Kinder, Junge, Alte, Täter gleichermaßen wie Opfer.
Die Reihe an unhaltbaren wie unglaubwürdigen Ereignissen und Sinnesänderungen Gottes ließe sich beliebig lang fortsetzen, vor allem aber was seine ungemein brutale Vorgehensweise betrifft gegen unliebsame Geschöpfe (immerhin seine Geschöpfe!), die ein unbotmäßiges Verhalten an den Tag legen und nicht im Entferntesten den Eindruck erwecken, Geschöpfe eines allwissenden und allmächtigen Gottes zu sein. Immer nur einzelne Personen entsprechen seinen Vorstellungen, und ausgerechnet die stellt er wiederholt auf die Probe (Abraham) oder schickt ihnen Unheil zuhauf, um ihre Rechtschaffenheit und Treue ihm gegenüber unter Beweis zu stellen (Hiob).
Irgendwann ist es der Heranwachsende leid, sich mit diesen Geschichten zu beschäftigen, die ihm ein Gottesbild vermitteln, das ihm unglaubwürdig erscheint und mit dem er nichts zu tun haben will, das aber weiterhin in Religionsunterricht und Gottesdienst vermittelt wird – zumal er auf Autoren wie Albert Camus, Samuel Beckett und Franz Kafka gestoßen ist. Er ist mittlerweile sechzehn Jahre alt, und rückblickend kann ich sagen, daß das – zumindest was mich betrifft – ein Alter ist, in dem, wenn die richtigen Anstöße (durch Literatur, Kunst oder

Freunde) zur richtigen Zeit kommen, die Fenster und Türen weit aufgehen und ein Wind in das muffige Haus der Kindheit hereinweht, der alles kräftig und nachhaltig durchlüftet und nichts, oder fast nichts, an seinem angestammten Platz beläßt. Das ist befreiend, kann aber auch ganz schön bedrohlich sein. In meinem Fall war es beides und führte zu einer Zerrissenheit, die fast schizophrene Züge annahm.

2

Die Band hat neben dem Altar Aufstellung genommen: Schlagzeug, Baß, mehrere Gitarren, ein Keyboard, eine Querflöte; dazu mehrere Sängerinnen und Sänger. Alle so um die fünfzehn bis neunzehn Jahre alt. Unter den Gitarristen ein groß gewachsener, schlanker Blondschopf. Er gibt die Einsätze, hat die Lieder einstudiert; eines davon hat er selbst komponiert: *Schweigen möcht' ich, Herr*. Noch ahnt er nicht, daß sich das Lied in katholischen Gemeinden zu einer Art Hit entwickeln und sogar Platz finden wird im *Gotteslob*, dem offiziellen Gesangbuch der Diözesen Österreichs; sogar in Deutschland wird man es später singen, und er wird dafür Tantiemen erhalten, was ihn überraschen, verwundern, beschämen wird. Für das Lied wird er phasenweise sogar mehr Geld bekommen als für seine literarischen Arbeiten. Den Text hat er einem Buch von Jörg Zink entnommen und für die Melodie adaptiert. Zink, evangelischer Pastor, Übersetzer des Neuen Testaments in eine zeitgemäße Sprache (wofür er von vielen des Sakrilegs an Luthers Übersetzung gescholten wird), Filmemacher über die Länder des Nahen Ostens und Autor zahlloser religiöser Sach- und Gebetbücher, ist zu der Zeit ungemein populär, auch in katholischen Kreisen. Er hat eine Sprache gefunden, die, abseits von Plattitüden und Leerformeln, religiöse Themen und Fragen behandelt und die Bibel wie das Gebet für junge Menschen interessant macht. Der Jugendliche hat einige seiner Bücher gelesen. Eine kleine Textstelle hat es ihm besonders angetan: sie handelt, wie der Liedtitel schon sagt, vom Schweigen, sich Versenken, Horchen – auf die Dinge, die Geschöpfe, die Welt. Eine Zeile lautet: „Schweigen möchte ich, daß ich deine Stimme unter vielen Stimmen hör." Dieser Gedanke entspricht seiner momentanen Einstellung und Situation. Er möchte wissen, wie es mit ihm weitergehen soll.

Rückblickend wird mir erst bewußt, in welchem Zwiespalt ich mich damals befand, und es erstaunt mich, wie ich die Spannung aushalten konnte: hier das religiöse Umfeld mit seiner trotz aller Aufgeschlossenheit und scheinbaren Modernität engen katholischen Sicht auf die Welt, dort die intensive Beschäftigung mit dem Existentialismus eines Albert Camus, dem Absurden von Samuel Beckett und dem tiefschwarzen Blick auf das menschliche Dasein Franz Kafkas; hier das Lob einer Schöpfung und das Eintreten für die Armen und Entrechteten an der Seite eines solidarischen, mit-leidenden Gottes, der auf die Hände und das Tun der Menschen angewiesen ist (Dorothee Sölle und Johann Baptist Metz: sie evangelische Theologin und Feministin, er katholischer Mitbegründer einer Politischen Theologie, beide populär wie Jörg Zink,

nur ungleich radikaler im Denken und der Entwicklung einer neuen Deutung des Christentums), dort die ersten ernstzunehmenden literarischen Anfänge im Schatten Kafkas, Camus' und Bradburys und die mit Freunden geführten stundenlangen Diskussionen über Literatur, Philosophie und die fragwürdige Existenz des Menschen; hier der noch immer gehegte, allerdings immer schwächer, fragwürdiger werdende Wunsch, Priester zu werden und eine Gemeinde im Geiste der „Theologie der Befreiung" zu führen, dort der immer dringlichere Wille, mich literarisch auszudrücken und ein Leben als Autor zu führen.
Zu diesem Zwiespalt, der schon mehr einem Spagat gleichkam und mich zu zerreißen drohte, kam noch ein weiteres Problem: Das Alte Testament hatte ich für mich abgehakt und als Geschichtenbuch entlarvt, das aus historischer und religionsgeschichtlicher Sicht zwar ganz interessant sein mochte und Aufschluß geben konnte über die jeweiligen Lebensumstände der Menschen und deren Sicht auf die Welt und sich selbst als Mensch und Gesellschaft, dessen Gottesvorstellungen aber viel zu kraus und widersprüchlich waren, um ihnen irgendeine Gültigkeit zubilligen zu können. Das Neue Testament und die Person Jesus hingegen waren mir bislang glaubwürdig, ja: tabu gegenüber jedweder Kritik geblieben. Doch nun tauchten auch hier immer mehr Zweifel auf, die selbst moderne Theologiekonzepte nicht aus dem Weg räumen konnten: Wenn sich Gott mit den Menschen (seinen Geschöpfen, muß man immer wieder betonen) versöhnen wollte (wieder einmal!): Wozu bedurfte es dazu seines Sohnes, der noch dazu mit seiner Botschaft bei der Mehrheit seiner Zeitgenossen kein Gehör fand und nur eine kleine Schar

zum Teil nicht sehr vertrauenswürdiger Anhänger um sich scharen konnte? Hätte Gott nicht wie im Alten Testament mit einem irdischen Vertreter verhandeln und einen neuen Pakt eingehen können? Und wozu das ganze Theater um Erlösung: Erlösung wovon? Von der Sünde, die durch Adam in die Welt gekommen war (wie es der Apostel Paulus formulierte und womit er die Grundlage schuf für die Soteriologie, die Erlösungslehre)? Aber was ist davon zu halten, wenn die Erzählung um Adam und Eva, das Paradies und den „Sündenfall" als Mythos, bestenfalls als gleichnishafte Geschichte und keinesfalls als historische Tatsache entlarvt wurde? Worauf begründet sich dann Jesu Erlösungstat? Und was ist das überhaupt für ein Gott, der von seinen Geschöpfen vor den Kopf gestoßen, beleidigt und verletzt werden kann, nur um sich dann gnädig erweisen und den Menschen verzeihen zu können?
Vor allen Dingen aber: Was ist das für ein Gott, der seinen Sohn auf die Welt schickt und die Menschen erlösen und mit sich versöhnen läßt, indem just diese Geschöpfe ihn, den Gottessohn, auf eine ungemein schmerzhafte, lang andauernde, in ihrer Grausamkeit kaum zu überbietende Folter- und Hinrichtungsmethode – die Kreuzigung – umbringen? Übertrifft dieses Gottesbild nicht die perfideste Gottesvorstellung des Alten Testaments und aller anderen Völker mit ihren blutrünstigen Göttern und Göttinnen, denen in früherer Zeit ständig geopfert werden mußte? Was ist der Sinn dieser Aktion? Das Leid, das an allen Ecken und Enden die Welt im Griff hält und Mensch und Tier gleichermaßen betrifft (wobei der Mensch kraft seiner Gabe, zu denken und seine Lage zu reflektieren, ärmer dran ist), zu glorifizieren? Aber Jesus soll ja am

dritten Tag nach der Kreuzigung von den Toten wieder auferstanden sein und dadurch die Menschen erlöst haben. Ist das auf irgendeine Weise glaubwürdig? Und sollte es das – entgegen aller Lebenserfahrung, Naturwissenschaft und Logik – dennoch sein: Wozu hatte es dieses grausamen Todes bedurft? Und noch einmal: Was sagt das über diesen Gott aus? Daß er ein Sadist ist? Oder ein Voyeur, der sich am Leiden seiner Geschöpfe und seines Sohnes weidet? (Jahrzehnte später wird das Josef Hader auf seine unnachahmliche Weise im Kabarettprogramm *Privat* auf den Punkt bringen: Da begegnet er Gott in seinem Hirn (!) und fragt ihn, wieso er bei all dem Leiden der Welt zusehe: „Was sind wir für dich? RTL?") Und was sagt das über die Menschen aus, die diese Erzählung in die Welt gesetzt, und all jene, die sie weiter tradiert haben und Kirchen wie öffentliche Gebäude, Schulen und Weggabelungen mit Kreuzen versahen und es noch immer tun?

Wenn Gott die Welt erschaffen hat, dann hat er das Leid und den Tod mit eingeplant und sieht seit Menschengedenken dabei zu, wie seine Geschöpfe schuldlos und hilflos leiden und zugrundegehen. Wie kann man an so einen Gott noch glaubwürdig glauben? (D. Sölle hatte darauf mit ihrem solidarischen, mitleidenden Gott eine Antwort parat, die allerdings nur kurze Zeit wirkte; dann hatte ich sie entlarvt als eine wohlklingende Leerformel, die sich um das Problem herumschwindelte.) Die alte Theodizee-Frage hatte mich erfaßt und ließ mich nicht mehr los.

Die Unerbittlichkeit, mit der sich mir diese Fragen stellten und die ohne befriedigende Antworten blieben, hätte eigentlich stark genug sein müssen, um mich – wie einige meiner besten kirchenfernen Freunde – von der Religion im Allgemeinen und dem Christentum im Besonderen abzubringen. Daß dies – vorerst – noch nicht geschah, lag, wie ich es heute sehe, an einigen Faktoren.

Da war das soziale Umfeld einer Jugendgruppe, die, von einigermaßen modernen, den unorthodoxen Ideen von uns Pubertierenden gegenüber offenstehenden Jesuiten geführt, eine Art Heimat bildete, vor allem jenen aus einem engen, überbehütenden Elternhaus (wie in meinem Fall), denen sich die Chance bot, wenigstens für ein paar Stunden in der Woche oder über ein Wochenende dem häuslichen Mief zu entkommen. Dazu kam die innerkirchliche Aufbruchsstimmung nach dem Zweiten Vaticanum, die Studentenrevolte der 1960er Jahre und die Flower-Power-Bewegung Anfang der 1970er Jahre, die in der kirchlichen Jugendarbeit ihren Niederschlag fanden – sei es durch zeitgemäße Gestaltung von Messen mittels rockiger Musik, sei es durch die Lektüre von Büchern von Hermann Hesse und Saint-Exupéry (die nicht so radikal und „negativ" waren wie Camus oder Beckett), sei es durch soziales Engagement, das manche von uns Jugendlichen nach Lateinamerika und dort vor allem nach Nicaragua führte mit dem populären Priesterrevolutionär Ernesto Cardenal und seinen Kultbüchern *Oración por Marilyn Monroe* (*Gebet für Marilyn Monroe*) und *El Evangelio en Solentiname* (*Das Evangelium der Bauern von Solentiname*).

Da war der Geist der Gleichgesinnten, denn ich war mit meiner Kritik und meinen Zweifeln bei weitem nicht allein, im Gegenteil: Ein großer Teil der Gleichaltrigen empfand und dachte vielleicht nicht ganz so radikal wie ich, aber sehr ähnlich und suchte nach Lösungen, weil der Absprung in den Marxismus oder gar den Nihilismus, wie ihn manche Altersgenossen wagten, zu extrem schien. Da kam der niederländische Jesuit und Dichter Huub Oosterhuis, der 1970 aus dem Orden ausgetreten war, geheiratet und in Amsterdam eine ökumenische Studentengemeinde ins Leben gerufen hatte, mit seinen Bemühungen um eine Erneuerung der Liturgie und seiner hochpoetischen Sprache gerade recht. Ausgerechnet in seinen Gebeten und Liedern (die 2010 von mehreren Bistümern als für den liturgischen Gebrauch ungeeignet befunden werden sollten) formulierte er altvertraute Zweifel und entwarf das Bild eines ambivalenten Gottes, der manchmal nah und Freund und dann wieder fern und fremd und damit gar nicht so unbiblisch war, wie wir meinten. Aber Oosterhuis' Sprache riß mit, barg uns mit ihren Bildern, ihrem Klang, löste zwar nicht die Glaubensfragen und Zweifel, aber hob sie auf in einer Poesie, die gerade mich mit meiner Liebe zur Literatur und speziell der Lyrik im wörtlichen Sinn ansprach, berührte und zu eigenen Texten inspirierte. Eines seiner bekanntesten Gedichte (ja, es ist ein Gedicht und sogar ein sehr gutes, dessen Wirkung ich mich, trotz meiner vollzogenen Abkehr von Religion und Christentum, heute noch nicht entziehen kann) lautet:

> Gott meiner selbst,
> Zunge aus Schnee,
> Stimme, die mitten
> im Wort mir stockt.
> Sturm gegen mich,
> zärtlicher Wind.

Niemandes Gott,
erst allmählich bekannter
Fremdling.
Du, kein Gott,
wie wir dich denken.
Ofen der Stille,
mühsamer Freund.

Damit ließ sich leben. Ob es sich damit glauben ließ, wage ich zu bezweifeln. In meinem Fall zumindest nicht. Aber die Bilder und Metaphern deckten die Zweifel zumindest eine Zeitlang zu und linderten den Zwiespalt, verhinderten allerdings auch eine frühere Entscheidung, die mein Leben sicherlich in völlig andere Bahnen gelenkt hätte.

Eine kleine Textanalyse zeigt zudem, wie subtil der Text gebaut ist und die Emotionen wie das Denken von Leserinnen und Lesern steuert: Da finden sich rational nicht auflösbare Metaphern („Zunge aus Schnee", „Ofen der Stille") neben Gegensätzen („Sturm gegen mich, / zärtlicher Wind" oder „Gott meiner selbst" – „Niemandes Gott" oder „erst allmählich bekannter / Fremdling" – „mühsamer Freund"); da wird die Negation („Du, kein Gott, / wie wir dich denken") aufgehoben mit dem Begriff „Freund", der sich im ersten Vers bereits andeutet („Gott meiner selbst"); da wird das Mittel der Litanei eingesetzt, um zunächst widersprüchliche Bilder zu evozieren, bevor der Text im positiven Begriff „Freund" endet, der aber im gleichen Atemzug relativiert wird durch das Attribut „mühsam". Alles Elemente, wie sie zeitgenössische Lyrik auszeichnen, nachdem durch Weltkriege und Shoa nicht nur der Mensch mit seiner gewalttätigen

Anlage und Lust an Zerstörung, sondern eben auch Gott, wie er bis dahin gedacht wurde, fragwürdig geworden waren. Zugleich steht Oosterhuis' Text in der Tradition der Mystik mit ihrer poetischen, dem rationalen Zugriff sich verweigernden Sprache, die dennoch oder sogar gerade dadurch eine von den Gläubigen ersehnte mystische Geborgenheit suggeriert.

Dies zeigt: Ein Text wie dieser löst zwar keine Fragen und Probleme, aber er verleiht ihnen eine Sprache, die über die alltägliche, vor allem aber die abgegriffene kirchliche Ausdrucksweise hinausgeht und der Leserschaft den Eindruck vermittelt, verstanden zu werden, mehr noch: geborgen zu sein in einer Welt der Poesie, in der nicht alles gut sein muß, aber schön klingen kann. Was in meinem Fall dazu führte, daß ich nach dem Gymnasium an die Universität ging, um Theologie und Germanistik zu studieren – das eine aus einer Art inneren Verpflichtung gegenüber meiner Herkunft und philosophischen Neigung, das andere aus purer Lust an der Literatur. Die Zweifel waren für einige Zeit ruhiggestellt, die Entscheidung war vertagt.

3

Sommer 2016. Er sitzt im Kino und wartet darauf, daß der Film beginnt. Sie geben *Hannas schlafende Hunde* des Regisseurs Andreas Gruber, die Verfilmung des gleichnamigen Romans der Salzburger Autorin Elisabeth Escher. Gruber ist ihm ein Begriff wegen dessen Film *Vor lauter Feigheit gibt es kein Erbarmen* (1994), einer ungemein

intensiven, bildgewaltigen Aufarbeitung der sogenannten „Mühlviertler Hasenjagd", bei der im Jänner 1945 etwa 500 Gefangene aus dem KZ Mauthausen ausgebrochen waren und, sofern sie nicht erfroren, von Wehrmacht, Feuerwehr, Gendarmerie, HJ und dem Volkssturm verfolgt, aufgespürt und umgebracht wurden. Eine Handvoll überlebte, weil ein paar Bauern Unterschlupf gewährt hatten trotz der Gefahr, entdeckt und dann selbst ermordet zu werden. Er, der Kinogeher und Autor, hatte in den 1980er Jahren, noch vor seinem ersten Buch, eine Erzählung über diese Ereignisse geschrieben und einen Förderpreis dafür erhalten. Jetzt allerdings geht es um eine Geschichte in den späten 1960er Jahren: Ein neunjähriges Mädchen wächst in einer erzkatholischen Familie auf, in der der sonntägliche Kirchgang, Anpassung und möglichst nicht aufzufallen die Maxime ist. Aber das Mädchen findet Hinweise darauf, daß mit seiner Herkunft etwas nicht stimmt, und kommt einem familiären Geheimnis auf die Spur, die zurück reicht in die Zeit des Nationalsozialismus. Eine Geschichte, die ihn aufgrund seiner eigenen Vergangenheit naturgemäß interessiert.
Dann beginnt der Film. Aus einem Hauseingang tritt eine Familie: das Mädchen (blonde Zöpfe, dunkles Kleid, blaue Weste, weiße Strümpfe), dahinter die Großmutter (schwarzer Mantel, schwarze Kappe, Blindenbrille), der ältere Bruder (blond, weißes Hemd, schwarze Krawatte, dunkler Mantel), die Mutter (brünettes, halblanges Haar, schwarze Kappe, schwarzer Mantel, der nur knapp über die Knie reicht), zuletzt der Vater (dunkler Mantel, weißes Hemd, schwarze Krawatte, Hornbrille und Hut mit für die Zeit typischer Krempe). Man hat sich hergerichtet für

den Kirchgang, die wenigen Sätze kreisen um die Kleidung (die Mutter: „Die verrückten Hüte“) und wie die anderen reagieren werden (der Vater: „Es darf jeder wissen, wohin unser Weg führt. Für seinen Glauben braucht man sich nicht zu genieren.“) sowie über einen Zeitgenossen (die Mutter: „Wenn er wieder da ist, setz ich mich in eine andere Bank.“). Eine gereizte Spannung hat die Familie erfaßt, die sich noch erhöht, als ein Mann mit dem Wagen vorfährt, aussteigt und die Familie betont freundlich grüßt, was niemand erwidert bis auf den Vater, der betreten den Hut lüftet. Schnitt. Die Messe beginnt mit dem Eintritt des Priesters und von vier Ministranten, die um den Altar Aufstellung nehmen. Die Orgel präludiert, dann folgt das Eröffnungslied, das alle (der Reihe nach in Großaufnahme ins Bild gebracht) singen: „Schweigen möcht‘ ich, Herr, / und auf dich warten. / Schweigen möcht‘ ich, Herr.“

Der Schock traf mich überfallsartig und tief. Die nächsten Filmminuten vergingen von mir unbeachtet, bis ich mich wieder gefaßt hatte. Es war nicht die Tatsache, daß mein Lied im Film verwendet wurde, ohne zuvor von mir die Erlaubnis eingeholt zu haben (das Lied war in Kirchenkreisen mittlerweile Allgemeingut geworden; gut möglich also, daß man für den Film auf eine Quelle zurückgegriffen hatte, die weder Autor noch Komponist verzeichnete). Es war vielmehr die Wiederbegegnung mit etwas Vergessenem, einem verschütt gegangenen Detail der eigenen Biographie, als träfe einen der sprichwörtliche Schatten der Vergangenheit, schlimmer: als stünde man einem Totgeglaubten unvermittelt gegenüber.

Ein Jahr zuvor war ich – endlich – aus der Kirche ausgetreten und hatte – vermeintlich – einen Schlußstrich gezogen unter meine kirchlich geprägte Identität. Seit 1983 war ich – neben meiner schriftstellerischen Tätigkeit – Lehrer für Deutsch und Religion an einer Höheren Schule gewesen und hatte damit in zunehmendem Maß gehadert. Je mehr ich publizierte, desto mehr verstand ich mich als Autor und Dichter und desto störender empfand ich die Rolle nicht als Lehrer, sondern als Religionslehrer, obwohl ich das Unterrichtsfach von Anfang an auf Ethik und Philosophie angelegt hatte. Ich unterrichtete – das kann ich mit Fug und Recht behaupten – leidenschaftlich gern (so wie ich leidenschaftlich gerne Texte verfaßte und es noch immer tue), die Arbeit mit den Pubertierenden und die Begleitung ins Erwachsenendasein bereitete mir mit wenigen Ausnahmen große Freude, und ich möchte rückblickend diese Tätigkeit nicht missen. Aber ich war der Rolle des Religionslehrers entwachsen (sofern ich sie je wirklich ausgefüllt hatte), und sie war mir in den letzten Jahren zur unerträglichen Last geworden. Das Image, das ich zwangsläufig besaß, stimmte einfach nicht mehr; der Zwiespalt, in dem ich mich seit meiner frühen Jugend befunden und den ich immer wie ein lästiges Insekt verscheucht hatte, war zu groß geworden.

Rückblende.
Während des Studiums und die ersten Jahre danach engagierte ich mich in mehreren Pfarren bei der Gestaltung der Liturgie und speziell von Jugendmessen. Die Fragen und Zweifel, die am Schreibtisch wie Nachtmahre regelmäßig auftauchten und mich irritierten und bisweilen

derart belasteten, daß ich mehrmals daran dachte, das Theologiestudium abzubrechen, waren weg, besser: nicht existent, wenn ich in der Kirche stand, Gitarre spielte und Band und Chor dirigierte. Es war dies die logische Fortsetzung meiner Musikertätigkeit als Gymnasiast. Es war aber auch jene Phase, in der ich mich am wenigsten literarisch betätigte, und die Texte, die damals entstanden, waren nicht geeignet für eine Publikation. Ich war in der liturgischen Sprache und dem kirchlich-theologischen Denken gefangen.

Dies setzte sich zunächst fort, als ich von Innsbruck nach Salzburg wechselte und Anschluß fand an die Katholische Hochschulgemeinde und eine Pfarre mit einem äußerst modern oder besser: zeitgemäß denkenden und rhetorisch ungemein talentierten, mitreißend predigenden Pfarrer (der sich allerdings bereits – das ahnte damals in der Pfarre kaum jemand – auf dem Absprung befand und wenig später nicht nur als Priester abdankte, sondern auch aus dem Orden austrat und Psychotherapeut wurde; mit ihm habe ich noch heute freundschaftlichen Kontakt und erlebe einen ungemein zufriedenen, mit sich und seiner Geschichte ins Reine gekommenen Zeitgenossen). Sehr schnell fand ich Gleichgesinnte, mit denen ich die Liturgien musikalisch und textlich mitgestalten konnte, und trat auch noch zwei Chören bei, die mir den Zugang zur Musik der Renaissance und des Barock öffneten. Gleichzeitig bot sich in der Hochschulgemeinde die Gelegenheit, eigene literarische Texte vorzutragen und der Diskussion zu stellen. Hier fand für mich der Beginn meines eigentlichen literarischen Schreibens statt, das ganz unter dem Eindruck der Lektüre Ilse Aichingers und Günter Eichs stand, jenem Dichterpaar, das mich – neben Beckett, Bradbury, Camus, Duras, Kafka, Paz, Stifter (um nur die Wichtigsten zu nennen) – nachhaltig prägte. Ausgerechnet im kirchlich-universitären Umfeld wurde ich literarisch wieder aktiver, sicherlich auch weil eine der wichtigsten Literaturinstitutionen der Stadt ihre Lesungen, mangels einer anderen Örtlichkeit, in der Hochschulgemeinde abhielt und mich als Mitarbeiter und Redakteur der dazugehörenden Literaturzeitschrift gewann. Hier verschoben sich meine Interessen endgültig zugunsten der Literatur. Dennoch blieb ich Mitglied der katholischen Kirche und begann zu unterrichten.

Und jetzt wurde ich unversehens – nachdem ich (spät, aber doch) der Kirche den Rücken gekehrt hatte und glaubte, mit meiner religiösen Existenz Schluß gemacht zu haben – von meiner Vergangenheit in Form eines Liedes – *meines* Liedes – eingeholt! Schlagartig wurde mir bewußt, daß man zwar Schlußstriche unter eine Sache ziehen kann, aber damit nichts aus der Welt geschaffen hat. Was war, bleibt lebendig; es kann vergessen, verdrängt werden, aber es ist geschehen und Teil der eigenen Geschichte und Persönlichkeit geworden. Die einzige Möglichkeit, damit zurande zu kommen, ist, sich damit zu versöhnen. Das hatte mir der befreundete Ex-Priester vorgelebt (und tut es noch heute), nur hatte ich es die ganze Zeit über nicht begriffen, vor allen Dingen nicht auf mich bezogen. Hätte ich es getan, ich hätte viel früher wie er die Konsequenz ziehen müssen. Dazu aber fehlte mir der Mut.

Und noch etwas anderes wurde mir bewußt und führt mich letztlich zum Geheimnis des Erfolgs jedweder Religion und zu einem Merkmal, das für Religion und Poesie gleichermaßen gilt. Was mich so lange in der Kirche gehalten hatte, war natürlich zum einen die ökonomische Situation – ich mußte einen Beruf ausüben, denn vom Publizieren allein konnte ich nicht leben, und ein Berufswechsel schien mir wenig aussichtsreich – sowie der soziale Aspekt – man war in den diversen kirchlichen Einrichtungen aufgehoben, fühlte sich akzeptiert und fand überall Gleichgesinnte. Ausschlaggebend aber war (und das gilt nicht bloß für mich persönlich, sondern prinzipiell für jede Religion oder religionsähnliche Gruppierung, durchaus auch für politische Parteien) der *Rausch der Worte*. Solange man nicht über den jeweiligen Text und seine Aussage nachdenkt – sei es ein biblischer, ein theologischer oder ein Kirchenlied –, kann man sich von den Worten tragen lassen und aufgehoben fühlen, ihr Klang, der Rhythmus, auch die Bedeutung einzelner Wörter – vor allem in Verbindung mit Musik und Gesang – bilden eine Woge des Wohlgefühls (selbst wenn es thematisch um Leiden und Tod geht), in dem man schier baden kann. Für einen Moment oder eine Stunde ist alles – für einen allein, aber mehr noch in der Gemeinschaft der Gleichgläubigen – heil und man fühlt sich eins mit sich, den anderen und der Welt. Da macht es wenig Unterschied, ob es ein biblischer Psalm ist (oder seine Transformation in das Hier und Jetzt durch Ernesto Cardenal) oder eine beschauliche Meditation von Jörg Zink, ein Aufruf zum religiösen Kampf und zum sozialen Engagement einer Dorothee Sölle und eines Johann Baptist Metz oder ein

die Zweifel eines nach-denkenden Gläubigen zur Sprache bringendes Gebet des Huub Oosterhuis: die Wirkung ist dieselbe und der eines Gedichts nicht unähnlich. Hier wie dort der Rausch der Worte. Der Unterschied liegt hauptsächlich in der den Worten zugrundeliegenden Botschaft. Auch die Poesie transzendiert die vorgefundene und reflektierte Wirklichkeit, aber sie behauptet keine Transzendenz! So ist es kein Zufall, daß viele religiöse Texte poetischen Charakter besitzen (vor allem alttestamentarische und mystische), daß wir Jugendlichen in die von uns gestalteten Messen literarische Texte einbauten (und dabei nicht selten die Intentionen der AutorInnen mißachteten oder einfach umdeuteten), daß religiöse Fortbildungen und Autorenlesungen in denselben Räumlichkeiten der Katholischen Hochschulgemeinde stattfanden und ich Aichinger und Cardenal, Eich und Zink, Beckett und Oosterhuis gleichzeitig lesen und schätzen konnte. Nur wenn der Rauschzustand abnimmt und Ernüchterung eintritt, verlieren manche Gedichte ihren Glanz und religiöse Texte ihre Glaubwürdigkeit.
Wie sonst läßt sich erklären, daß man gleichzeitig Gott als literarische Figur ansehen, seine Schöpfung (wenn es denn seine wäre) als mißglückt beurteilen und Lieder singen und Kompositionen hören kann wie folgende:

> Ich will den Kreuzstab gerne tragen,
> Er kömmt von Gottes lieber Hand,
> Der führet mich nach meinen Plagen
> Zu Gott in das gelobte Land.
> Da leg ich den Kummer auf einmal ins Grab,
> Da wischt mir die Tränen mein Heiland selbst ab.

Ich freue mich auf meinen Tod,
Ach, hätt er sich schon eingefunden.
Da entkomm ich aller Not,
die mich noch auf der Welt gebunden.

Erstes Zitat stammt aus der Kantate *Ich will den Kreuzstab gerne tragen* (BMW 56), das zweite aus der Kantate *Ich habe genug* (BWV 82). Ohne Bachs Musik (den Rausch des Klangs) und nach genauerer Analyse wird man den Texten mit ihrem Gottesbild und der Weltflucht wohl kaum mehr zustimmen und sie schön oder gar „wahr" finden können. Man hat sich einfach überrumpeln lassen vom Rausch der Worte, des Klangs und den von ihnen ausgelösten Emotionen.
Das gleiche gilt für zeitgenössische religiöse Lieder, die – oft auch noch schlecht getextet und sentimental aufgeladen – biblische Texte paraphrasieren oder Dinge behaupten, die nicht zu decken sind mit Erfahrung und noch weniger einer logischen Analyse standhalten würden (*Ich habe heute den Herrn gesehn, Danke* oder *Die heiligen fünf Wunden*). Das Geheimnis ihrer (Ausstrahlungs-)Kraft liegt jenseits eines kritischen Blicks im Rausch der Worte.

Ähnliches trifft auf Gedichte zu: Auch sie halten bisweilen einer Analyse nicht stand (wenn sie schlecht, d.h. mit einer „vernützten Sprache" geschrieben wurden) oder sprechen einen jenseits von Logik und Verstand an (viele von Aichingers oder Celans Gedichten sind so geartet, daß ich mich ihrer Wirkung nicht entziehen kann, ohne aber genau begründen zu können, worin ihre Faszination liegt). Nur: Sie geben keine vorschnellen oder vorgefertigten Antworten, sondern stellen Fragen, sie belassen die Welt in ihrer disparaten Gestalt und täuschen keine Gewißheiten vor, sie poetisieren nicht eine behauptete Transzendenz oder diffuse oder gar geliehene Gefühle, sondern transformieren Erfahrungen, Bilder, Gedanken in eine poetische Sprache oder überlassen sich einfach dem nein: nicht sinnlosen, eher dem sinn- oder zweckfreien Rausch der Worte.

Zugegebenermaßen hier wie da Betörung. Natürlich gibt es auch religiöse Lyrik, die gut geschrieben ist und die man ernst nehmen kann. Aber sie ist mir seit jeher (selbst schon seit meiner Jugend) suspekt. Sie steht für mich im Ideologieverdacht wie alles, das mit einer behaupteten oder ersehnten Transzendenz operiert oder mich von etwas überzeugen will, das ich nicht (mehr) mitmachen kann und will. Das gleiche gilt für politische Texte, selbst wenn sie noch so hehre Ideale verfolgen, vor allem wenn sie mit Leerformeln und Phrasen operieren, nur um mich von einer Idee zu überzeugen. Da vertraue ich lieber subversiven Versen wie den folgenden, auch wenn ich sie rational nicht gänzlich entschlüsseln kann und nur einfach schön (warum auch immer) oder spannend oder irritierend finde und die jenseits von Religion, Ideologie oder einem wie immer gestalteten (politischen) Programm angesiedelt sind, mich Leser dafür aber ernst nehmen, lange beschäftigen über den kurzen Akt der Lektüre hinaus und mit einer Warnung aufwarten, die ich schon früher hätte beherzigen sollen:

Ilse Aichinger: Verschenkter Rat

Dein erstes Schachbuch,
Ibsens Briefe,
nimms hin,
wenn du kannst,
da, nimm schon
oder willst du lieber
die Blattkehrer
von deiner Wiese treiben
und Ibsens Ziegen darauf,
gleich weiß, gleich glänzend?
Es gibt Ziegen und es gibt Ibsens Ziegen,
es gibt den Himmel
und es gibt eine spanische Eröffnung.
Hör gut hin, Kleiner,
es gibt Weißblech, sagen sie,
es gibt die Welt,
prüfe, ob sie nicht lügen.

Über nichts

Longing that all go. Dim go. Void go. Longing go.
Vain longing that vain longing go.
Verlangend daß alles vergehe. Trübe vergehe.
Leere vergehe. Verlangen vergehe.
Vergebliches Verlangen daß vergebliches Verlangen vergehe.
Samuel Beckett

Ich hatte mir vorgenommen, über nichts zu schreiben. Ich meine nicht das Nichts (mit großem Anfangsbuchstaben, auch Majuskel oder Initiale genannt), welches nichtet (wie uns Martin Heidegger zu erklären versuchte), was mir allerdings keine Sorgen oder gar Angst bereitet, und auch nicht, daß der Schatten des Nichts das Seiende in seiner Seiendheit ausdrücklich erscheinen läßt (schon etwas weiter zurück gelegen: Aristoteles), was mich nicht sonderlich beeindruckt oder gar erfreut, nein: ich meine das Wort nichts mit kleinem Anfangsbuchstaben (auch Minuskel genannt), das ganz unphilosophisch und metaphysikfrei zum Ausdruck bringen soll, daß da nichts ist beziehungsweise das Gesuchte fehlt beziehungsweise etwas nicht der Rede wert ist.
Streng genommen meine ich aber auch das nicht. Mein Ziel ist zu schreiben, jedoch themen-, nein: gegenstands-, nein: sinnlos. Nun, das auch wieder nicht: sinnbefreit trifft es besser, aber auch nicht ganz. Ziellos? Nicht wirklich; ich habe mir ja ein Ziel gesetzt. Sprachlos? Auch nicht, obwohl ich es langsam werde angesichts meiner Unfähigkeit (oder vielleicht auch der grundsätzlichen Unmög-

lichkeit), auszudrücken oder auch nur zu umreißen, was mir so am Herzen liegt und mich seit meiner Jugend beschäftigt, bedrängt, an den Rand treibt, nein: nicht des Wahnsinns, schon eher der Verzweiflung ob des Zweifels, daß ich jemals in der Lage sein werde zu sagen, was ich nicht sagen kann.
Wie also weiter? Oder noch einmal von vorn? Das brächte wenig bis gar nichts, da es nur wiederholte, was ich bisher nicht imstande war zu sagen.
Ich versuche es mit einem Vergleich. Das heißt, eigentlich ist es kein Vergleich und schon gar keine Metapher, sondern eine reale Sachlage, die für nichts anderes steht als für sich selbst. Aber sie ist dienlich; nämlich meinem Versuch, auf den (in diesem Fall nichtsprachlichen) Punkt zu bringen, was mir die Sprache verweigert. Also:
Seit meiner Jugend beneide ich die Bildenden Künstlerinnen und Künstler. Ich beneide sie um die Fähigkeit, mit wenigen Strichen Dinge darstellen zu können, und zwar so, daß das Gehirn des Betrachters (in meinem Fall meines) in der Lage ist, die Dinge (wieder) zu erkennen, obwohl streng genommen auf Leinwand oder Papier nichts als bunte oder einfarbige Striche, Punkte, Flächen aufgetragen wurden. Besonders deutlich wird dies, wenn ich mich einem Bild nähere, bis ich, nur noch wenige Zentimeter entfernt, wirklich nichts mehr erkennen kann als Striche, Punkte, Flächen. Aber kaum vergrößere ich den Abstand, nehme ich eine Hand, einen Arm, einen Körper, eine Landschaft wahr, bis ich den Sämann erkenne, wie er mit weit ausholender Gebärde Samen auf einem Feld ausstreut, selbst wenn der Maler (im konkreten Fall van Gogh) auf seine ihm eigene, ganz und gar nicht realis-

mustreue Art die Dinge gemalt hat. Noch deutlicher wird das Dilemma (ja, es ist eines, aber darauf komme ich gleich zu sprechen), wenn es darum geht, Emotionen auszudrücken und beim Betrachter (also mir) auszulösen: Da sieht man nur den leicht gebeugten Rücken und den abgewandten Kopf einer Frau, die den linken Arm wohl vors Gesicht oder die Brust geschlagen hat (so genau ist das nicht auszumachen), während sich an ihre Rechte und eine Falte ihres Kittels ein Kleinkind mit verzerrten (verweinten?) Gesichtszügen klammert. Links hält sich ebenfalls ein kleines Kind an ihrem Rock fest, es hat den Kopf gehoben und blickt ihr (fragend? bittend? ratlos?) ins Gesicht. Den Titel *Brot!* braucht die nur mit groben Strichen ausgeführte Lithographie im Grunde gar nicht, damit erfaßbar wird, worum es geht und was Käthe Kollwitz bei mir als Betrachter auslösen will: Rührung oder besser: Mitleid, nein: Entsetzen ob des dargestellten – und real existierenden – Elends.
Ende der 1980er Jahre hatte ich einen ersten Versuch unternommen, den Vorgang einer Bildwerdung sprachlich nachzuzeichnen:
der Pinsel zieht auf dem matt-weißen Untergrund eine dunkle, fast schwarze Linie, die nach oben hin gekrümmt ist, setzt nach einigen Zentimetern ab und malt eine zweite, nun nach unten hin gekrümmte Linie von etwa derselben Stärke, beginnend am linken Ende der ersten und endend am rechten, so daß beide Linien in einem spitzen Winkel aufeinander treffen und zur Mitte hin in einem beinahe halbkreisförmigen Bogen auseinander streben, worauf der Pinsel, der noch immer genügend Farbe enthält (die, aufgrund des steilen Winkels, unter dem der Pinsel

gehalten wird, in einem dicken, zähflüssigen Rinnsal den Griff hinauf- oder besser: hinabfließt, wobei sie sich an den Fingern, die den Griff umklammern, staut, bis sie, zu schwer geworden, von diesen herabtropft und auf dem Boden oder schon früher auf den Sprossen der Stehleiter dunkle Flecken hinterläßt), ungefähr in die Mitte des Gebildes (also in den imaginären Schnittpunkt von waagrechter Verbindungsgerade der Endpunkte der Linien und senkrechter Verbindungsgerade jener am weitesten von einander entfernten Punkte) einen Klecks setzt, den er mit einem Kreis, der oben und unten die gekrümmten Linien berührt, umgibt ...

Es ist dies der Anfang meines Romans *Schweigen über Guernica* (erschienen 1989), der dem berühmten großformatigen, zur Ikone der politischen Malerei gewordenen Gemälde Pablo Picassos nachgeht, seine historischen wie künstlerischen Bedingungen erforscht und dabei immer wieder den Versuch unternimmt, so genau wie möglich den Akt des Malens, vor allem aber den Prozeß des schrittweisen Erkennens des Dargestellten durch den Betrachter sprachlich wiederzugeben. Dabei wird eines überdeutlich: Um wieviel mehr Aufwand (in meinem Fall: an Worten, Sätzen, sprachlichen Elementen) muß ich als Autor treiben, um etwas Ähnliches wie ein Maler, eine Malerin – wenn überhaupt – bei meinen Leserinnen und Lesern erreichen zu können, wobei ich als Beschreiber und erst recht als Erzähler nie sicher sein kann, daß das, was ich schreibe, auch wirklich dechiffriert und ent-ziffert (wieso nennt man das eigentlich nicht: ent-buchstabt?) werden kann. Ausgerechnet in der so vagen Literaturgattung der Poesie stellt sich dieses Problem hingegen viel weniger, zeichnet sie sich doch gerade dadurch aus, (sprachliche, aber nicht nur solche) Räume zu öffnen und eine vielfältige, durchaus nicht widerspruchsfreie Interpretation zuzulassen, mehr noch: zu provozieren. (Dies gilt vor allem für die Lyrik der Gegenwart; für die der früheren Epochen stellt sich ein ähnliches Problem wie für die erzählende Literatur, obwohl auch für sie die Öffnung hin zum Unsagbaren galt und ihren Versen eingeschrieben war.) In der Prosa würde ich gerne so anschaulich sein können (ja, mit An-Schauung im wörtlichen Sinn hat das zu tun!) wie die Bildenden Künstlerinnen und Künstler. Das ist das Dilemma, das ich oben angedeutet habe, das mich bei jedem Text und jedem Buch befällt, das mich beim Schreiben zögern, innehalten und Geschriebenes verwerfen läßt – und das sich noch verschlimmert bis zum unlösbaren Problem ...

... wenn ich die Abstrakte Kunst in Betracht ziehe und als Vorbild nehme. Und genau darum geht es hier, besser: ginge es hier, wenn ich nur in der Lage wäre, wenigstens ansatzweise zu erläutern und dann auch umzusetzen, was mein Anliegen ist. Worum ich nämlich die Maler und Malerinnen des Abstrakten beneide – mehr noch als die dem Realismus Verpflichteten –, ist ihre Fähigkeit, nichts auszudrücken. Dabei meine ich nicht einen Joan Miró, der bei aller Reduktion und Abstrahierung immer noch gegenständlich blieb (zumindest sucht und findet das Gehirn ständig Dinge, wenngleich scheinbar unzusammenhängende, in seinen Gemälden, und seine Skulpturen bleiben, wenngleich oft sehr humorvoll, dem Gegenständlichen verpflichtet; und soweit ich ihn richtig verstehe, war ihm die reine Abstraktion auch nie ein Anliegen, eher die surrealistische Aufhebung oder Überhöhung der Wirklichkeit); ich meine auch nicht die streng geometrisch gestalteten Bilder des Piet Mondrian, die auf mich seltsam leer, im Grunde „tot“ wirken (wenngleich sie tatsächlich dem schon viel näher kommen, was ich unter abstrakt verstehe und für die Literatur als Vorbild nehmen könnte); was meiner Vorstellung einer gestaltlosen, das Nichts (ja, jetzt in Versalien geschrieben!) nein: nicht berührenden (denn das wäre am Ende metaphysisch zu verstehen, was ich ablehne), sondern andeutenden, oder besser: auf das Nichts verweisenden Kunst am nächsten kommt, ist das Action Painting eines Jackson Pollock, das – zumindest in den meisten Fällen – ohne mimetischen Gegenstandsbezug auskommt und somit ganz bei sich bleibt.

Auf die *Malerei des XX. Jahrhunderts* war ich das erste Mal durch das gleichnamige Buch von Gotthard Jedlicka gestoßen oder besser: sanft gestoßen worden, und zwar durch eine Freundin meiner Mutter, die ich von klein auf mit „Tante“ titulierte und die mir stets zu Weihnachten Bücher schenkte und 1975 eben dieses – was mich anfangs enttäuschte, denn im Gymnasium hatten wir einen denkbar schlechten Kunstunterricht gehabt, so daß ich mit vielen der abgebildeten Gemälde nichts anzufangen wußte. Manet, Degas, Cézanne, Rousseau, Gauguin, van Gogh und Picasso waren mir Zwanzigjährigem durchaus schon ein Begriff und gefielen mir auch – aber was sollte ich anfangen mit Nicholson, Klee, Miró, Mondrian, Pollock oder de Staël? Warum mir diese „Tante“ ausgerechnet jenes Buch schenkte, weiß ich nicht und kann ich nur mutmaßen. Jedenfalls gab sie mir den Anstoß, mich mit moderner Kunst zu beschäftigen und meinen kleinen Horizont ein wenig zu erweitern. Und gerade die beiden letztgenannten Künstler weckten in zunehmendem Maß mein Interesse: Wie schaffte es der eine (de Staël), eine Landschaft erahnbar, wenn nicht gar erkennbar zu machen, indem er bloß weitgehend geometrisch geformte, in ihren Rändern allerdings gezahnte Farbflecken auf einem schwarzen und dunkelblauen Untergrund auftrug, und wie gelang es dem anderen (Pollock), nur verschlungene Linien und Farbspritzer auf einer Leinwand zu verteilen und damit nichts darzustellen, aber so, daß es mich ansprach und ich sein Bild als schön bezeichnen konnte? Und – aber diese Frage stellte sich mir erst später – ist es möglich, als Schriftsteller es den Bildenden Künstlern gleichzutun und über nichts, genauer: nichts zu schreiben? Versuche in diese Richtung gab es natürlich schon, und zwar zum Beispiel im Dadaismus. Hugo Balls berühmter Text *Karawane* kommt einem dabei, verbunden mit Photographien von Balls Auftritt im Cabaret Voltaire in seinem bizarren kubistischen Phantasiekostüm, in den Sinn:

KARAWANE

jolifanto bambla ô falli bambla
grossiga m'pfa habla horem
égiga goramen
higo bloiko russula huju
hollaka hollala
anlogo bung
blago bung
blago bung
bosso fataka
ü üü ü
schampa wulla wussa ólobo
hej tatta gôrem
eschige zunbada
wulubu ssubudu uluw ssubudu
tumba ba- umf
kusagauma
ba - umf

Balls Lautgedicht, vor dem es bereits unter den russischen und italienischen Futuristen ähnliche Versuche gab, befreit sozusagen die Sprache von der Sprache, es entzieht ihr Sinn und Bedeutung, operiert allein mit erfundenen Lauten, hat aber auch die typographische Gestaltung als wichtiges Wesensmerkmal, das heißt: *Karawane* muß gehört und gesehen werden. Das Problem liegt meines Erachtens darin, daß die „Wörter" Klänge besitzen, die mich als Hörer sofort an ähnliche mir bekannte Wörter erinnern und mich dadurch nach einer tiefer liegenden Bedeutung suchen lassen, vor allem aber im Titel, der ein herkömmliches Wort verwendet und mich dazu bringt, einen Zusammenhang zwischen Titel und Text zu suchen (den es, wie ich vermute, gar nicht gibt beziehungsweise der von Ball nicht intentiert war). Ganz ähnlich liegt der Fall bei den Bildtiteln des René Magritte: sie verrätseln das Dargestellte, nicht selten ironisieren sie es, und dennoch finde ich als Betrachter nach längerem Schauen und Überlegen einen Zusammenhang zwischen Titel und Bild (egal ob vom Maler gewollt oder nicht).

Anders ist es mit Ernst Jandls Lautgedichten, die immer ein Ziel anpeilen, einen verborgenen, manchmal auch offenkundigen Sinn haben und die Sprache nur insofern verändern, als er sie als – deformiertes – Mittel verwendet, um beim Hörer (oder auch bloßen Leser) einen Erkenntnisprozeß in Gang zu setzen. Berühmtestes und in Schulen tausendfach eingesetztes Beispiel ist *schtzngrmm*, das beim bloßen Augenlesen Ratlosigkeit auslöst, beim Hören aber nach und nach „verstanden" wird, bis es lustvoll mitgesprochen und über Jahre im Gedächtnis behalten

wird. Dennoch auch hier: Es trifft nicht das, was mir vorschwebt, auch wenn es ihm schon nahe kommt.
Ein letzter Versuch. 1976 brachte nach einer längeren Pause Ilse Aichinger den schmalen, aber umso bedeutenderen Prosaband *schlechte Wörter* heraus, bevor sie für viele Jahre verstummte. In ihm handelt sie nicht nur ihre Zweifel an der Sprache ab („Ich gebrauche jetzt die besseren Wörter nicht mehr."), sie dekonstruiert in den Prosagedichten des zweiten Teils die Sprache, zerlegt die Sätze, führt (scheinbar) unzusammenhängende Satzpartikel und Wörter zusammen und redet so konsequent gegen ein (schnelles) Verständnis an, daß mir als Leser der Atem wegbleibt, ganz zu schweigen von einem Verständnis, das sich nicht oder nur zögernd, zweifelnd einstellt. Der Anfang von *Queens*, dem letzten der Prosagedichte, sei hier zitiert:
„Wahlverwandt, geglückt, die Schwindelerreger reihen sich aneinander, uses my wife for sewing, das Kettenhemd wächst, läßt sich bald einhaken, die Legende einer Leseanleitung, ein Nähfaden für die Unsterblichen, für ihre gebrechlichen Finger, entwichen, ausgefädelt, nein, nein, so nicht, wir haben uns gleich wieder, wir sind vollzählig, da, doch da, abgewrackt in Virginia, aber wir sind doch da."
Ich habe diesen Text ich weiß nicht wie oft gelesen, ich habe ihn nicht verstanden (und dennoch über ihn geschrieben) und verstehe ihn auch jetzt, wo ich ihn abtippe, nicht, noch immer nicht, und dennoch strahlt er etwas aus, das ich nur unzureichend mit Faszination umschreiben kann, er vermittelt mir das Gefühl, an einem Prozeß wenn nicht teilzuhaben, so wenigstens ihm beizuwohnen,

einem Prozeß, der, wie man es so schön in der Umgangssprache ausdrückt, „ans Eingemachte" geht und nach dem man nicht oder kaum mehr weitersprechen und schon gar nicht weiterschreiben kann. So wie man nach einem Ereignis oder Erlebnis, das einem die Grundfesten der Überzeugung und des Lebenskonzepts ins Wanken oder gar zum Einsturz gebracht hat, nicht einfach weitermachen kann, als ob nichts geschehen wäre. Das heißt: man kann schon – aber mit welchem Ergebnis? Kein Wunder also, daß Ilse Aichinger danach jahrelang schwieg. Wie auch hätte sie so weitermachen können?
So ähnlich stelle ich mir das Schreiben im Schatten der Abstraktion vor, auch wenn es bei Aichinger ganz und gar nicht abstrakt ist. Wie könnte es denn auch sein nach all dem, was sie erleben mußte? Vielleicht kann man auch nur so schreiben mit einer derart verschmutzten Geschichte im Rücken, immer einen Schritt vom Abgrund entfernt.

Ich habe nicht über nichts geschrieben. Mein Text wurde während des Schreibens ein anderer als geplant, wobei ich eigentlich nichts geplant hatte, außer über nichts zu schreiben. Das ist mir nicht gelungen. Während des Schreibens fielen mir auch einige weitere nicht unwichtige Aspekte ein, zum Beispiel daß Farben keine Bedeutungen besitzen außer denen, die wir ihnen – individuell eingefärbt oder gesellschaftlich und kulturbedingt besetzt – geben, Wörter hingegen schon, Wörter können gar nicht anders als etwas be-nennen und be-deuten, weshalb ein abstraktes Sprechen nie möglich sein wird wie ein abstraktes Malen. So wie ein abstraktes Tanzen absurd ist und unmöglich. Und natürlich fiel mir Samuel Beckett ein und sein verstörendes Buch *Nouvelles et Textes pour rien* (*Erzählungen und Texte um nichts*). Aber ich habe es sein lassen wie so vieles andere auch. Etwas sein zu lassen, etwas abzubrechen oder gar nicht erst zu beginnen ist manchmal der bessere Weg. So wie sich die besseren Wörter bisweilen als die schlechteren erweisen.

Über nichts schreiben, fürchte ich, ist nicht möglich. Es sei denn, man schreibt nichts.

Textnachweis

Über zehn Dichter basiert auf einer Textreihe, die von Oktober 2012 bis Juli 2013 unter dem Titel *Reif für die Insel* in der Salzburger Straßenzeitung *Apropos* erschien. Alle anderen Essays sind Originalbeträge und wurden zwischen November 2021 und Jänner 2022 für die vorliegende Sammlung geschrieben.
Brigitte Scott danke ich für die genaue Lektüre und zahlreiche Anregungen und Korrekturen.

Christoph Janacs

geboren 1955 in Linz/OÖ., lebt in Niederalm/Salzburg; veröffentlichte bislang zwei Romane, sieben Erzählbände und an die 20 Gedichtsammlungen.

In der EDITION TANDEM sind erschienen:

2009 **Die Zärtlichkeit von Stacheln**, Gedichte
2010 **Eulen**, Kurzprosa
2011 **Die Stille von Lourmarin**, Gedichte
2013 **mein Schatten, den ich nicht werfe**, Gedichte
2014 **Hokusais Pinsel**, Gedichte
2016 **die Vögel Jerichos**, ein Poem
2018 **Haufenweise Totenköpfe**, mexika. Geschichten
2019 **im Zweistromland**, Gedichte
2020 **Der Seidelbast oder Corona inspirativ**
Geschichten, zusammen mit vier AutorInnen
2020 **Spätlese**, Hörbuch
2021 **Unter den Himmeln Mexikos**, Triptychon
zusammen mit GrenzWertig (Musik), CD
2021 **Ansichtskarten vom Meer**
Gedichte zur Lage – inkl. 5 Ansichtskarten
2022 **Störung durch Stille**, CD
Musik: Ernst Ludwig Leitner, für Tenor und Klavier

Christoph Janacs
Über Zufälle, die keine sind
Essays

Gestaltung: Volker Toth
Druck: Florjancic, Maribor
ISBN 978-3-904068-65-9

www.edition-tandem.at

Gefördert von:
Stadt und Land Salzburg, Land Oberösterreich
Bundesministerium Kunst, Kultur, öffentlicher Dienst und Sport

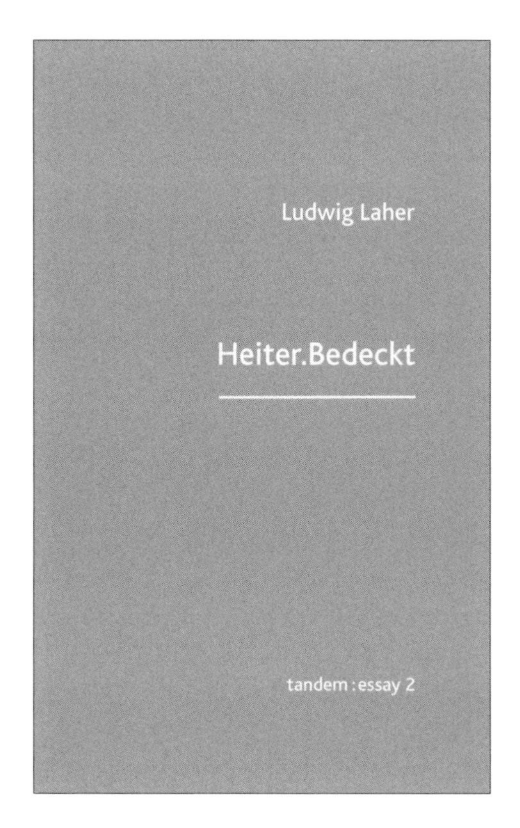

Erscheint im September 2022